Katrin Roßnick

KICK AND COOK

DAS KOCHBUCH ZUR FUSSBALL-WM 2014

Für alle
32 WM-Teilnehmer
Rezepte
& Wissenswertes
zu Land und
Fußball

Mit Fotos von Andreas Keudel

VERLAG DIE WERKSTATT

Inhalt

Vorwort

Alle vier Jahre machen wir verrückte Sachen: Wir klemmen Fähnchen an unsere Autofenster, singen Fußballhits aus dem Radio mit, reden im Büro am Kaffeeautomaten über Strafstöße statt übers Wetter und zerbrechen uns den Kopf, um Termine so zu legen, dass wir möglichst kein Spiel verpassen – es ist Fußball-WM!

Und weil es sich in Gemeinschaft einfach schöner fachsimpeln, jubeln oder schimpfen lässt, gehen wir zum Public Viewing und auf WM-Parties. Oder wir laden Gäste zu uns nach Hause ein. Damit es dann nicht immer nur Bratwurst vom Grill sein muss, liefert **KICK AND COOK** das passende Gericht für jedes WM-Match: 32 Rezepte aus den 32 Teilnehmerländern der Fußballweltmeisterschaft, leicht nachzukochen, zum Teil etwas exotisch (jedoch nicht zu sehr, damit den Gästen die Umstellung von der Bratwurst nicht ganz so schwerfällt), bei den Zutaten stets auf vier Personen ausgelegt.

Die landestypischen Gerichte sind, wenn nötig, so abgewandelt, dass sie mit in Deutschland üblicherweise erhältlichen Zutaten zubereitet werden können. Maßstab war dabei der gut sortierte Supermarkt, der heutzutage eine breite Auswahl auch an ausländischen Spezialitäten bietet. Erfüllt eine der Originalzutaten dieses „Supermarkt-Kriterium“ nicht, wurde das Rezept ein wenig auf einfacher zu beschaffende Lebensmittel umgestellt. Für Probierfreudige finden sich aber an zwei, drei Stellen auch Hinweise auf Bezugsmöglichkeiten von Spezialitäten.

Steht das Essen auf dem Tisch und läuft dazu das Spiel im Fernseher, dann wird es genügend Gesprächsstoff geben: die leckeren belgischen Pfannkuchen mit Garnelen oder die argentinischen Würste in Tomatensoße, das Traumtor gleich nach Anpfiff oder die zweifelhafte Abseits-Entscheidung kurz danach. Und sollte die Unterhaltung trotzdem einmal stocken, hat **KICK AND COOK** auch dafür eine Lösung. Das Futter für die Gesprächs- und die Halbzeitpause sozusagen und ein bisschen Material zum Angeben: James-Bond-Einsätze in den Teilnehmerländern, die Spitznamen der Nationalteams oder Insiderinformationen wie die, dass bei Weltmeisterschaften auf dem amerikanischen Kontinent bislang ausschließlich einheimische Mannschaften den Titel geholt haben.

Mit **KICK AND COOK** kann also während der WM in Brasilien so gut wie gar nichts mehr schiefgehen.

Algerien

ALGERIEN: Das denkwürdige Spiel

Als krasser Außenseiter brachte Algerien einer pomadig auftretenden deutschen Mannschaft im ersten Gruppenspiel der Weltmeisterschaft 1982 in Spanien eine sensationelle 1:2-Niederlage bei. Durch diese Begegnung und ein 3:2 gegen Chile erwarben sich die Algerier viele Sympathien und eine gute Ausgangsposition vor dem letzten Spiel der Vorrundengruppe 2: Bei Deutschland gegen Österreich konnte nur ein deutscher Sieg mit einem Tor Differenz den Nordafrikanern noch den Einzug in die nächste Runde verwehren. Bei jedem anderen Resultat bliebe zumindest eine der beiden Mannschaften hinter Algerien. Was passierte also? Horst Hrubesch erzielte nach zehn Minuten das 1:0, beide Teams stellten danach alle Bemühungen und der deutsche TV-Reporter Eberhard Stanjek aus Protest das Kommentieren ein. Die Zuschauer schwenkten weiße Taschentücher, wie sie es sonst nur während eines Stierkampfes für einen aus ihrer Sicht feigen Torero tun. Das Spiel ging als „Schmach von Gijon" in die WM-Geschichte ein und führte zu einer gravierenden Änderung bei der Spielplangestaltung von großen Turnieren und Meisterschaften: Seitdem werden die letzten und entscheidenden Begegnungen zeitgleich ausgetragen. Algerien half das aber nicht mehr, das Team war aus der WM von 1982 ausgeschieden.

Tassili n'Ajjer-Gebirgskette in der Sahara

ALGERIEN: Der Fußball

SPITZNAME DER NATIONALELF	Les Fennecs (die Wüstenfüchse)
WM-TEILNAHMEN	4 seit 1982
BESTES WM-ERGEBNIS	Gruppenphase 1982, 1986 und 2010
REKORDNATIONALSPIELER	Lakhdar Belloumi (147 Spiele zwischen 1978 und 1986)

ALGERIEN: Das Land

HAUPTSTADT	Algier
EINWOHNERZAHL	38,5 Millionen
FLÄCHE IM VERGLEICH	mehr als 6-mal so groß wie Deutschland
ORTSZEIT IN ALGIER BEIM ANPFIFF DES ENDSPIELS	20:00 Uhr
SCHAUPLATZ BEI JAMES BOND	*Sag niemals nie* (1983, mit Sean Connery) – jedenfalls vielleicht, denn ein wesentlicher Teil des Films spielt auf dem Anwesen des Schurken Emilio Largo in einem nicht genannten nordafrikanischen Staat.
MCDONALD'S BETREIBT HIER	keine Restaurants.

Salatit bi khobz

NORDAFRIKANISCHER BROTSALAT

30 MINUTEN

½ GROSSES FLADENBROT ODER 2 KLEINE PITA

4 EL OLIVENÖL

500 g KIRSCHTOMATEN

8 ZWEIGE FRISCHER KORIANDER

4 ZWEIGE GLATTE PETERSILIE

100 g SCHWARZE OLIVEN OHNE STEIN

Für das Dressing

1 KNOBLAUCHZEHE

1 TL KREUZKÜMMEL

2 EL ROTWEINESSIG

1 EL TOMATENMARK

8 EL OLIVENÖL

SALZ, PFEFFER NACH GESCHMACK

2 EL ARGANÖL* (OPTIONAL)

* Arganöl hat einen speziellen Geschmack, der Gerichten eine typisch nordafrikanische Note gibt. Es wird nur in Marokko gewonnen und in Deutschland in Spezialitätengeschäften oder im Internet angeboten (siehe Bezugsquellen auf Seite 94).

1 Olivenöl in einer Pfanne erhitzen. Brot in mundgerechte Würfel schneiden und in dem Fett unter Rühren rösten, bis es hellbraun ist. In eine Schüssel geben.

2 Kirschtomaten waschen, abtrocknen, vierteln. Koriander waschen, trockenschütteln, die Blätter von den Zweigen pflücken. Petersilie waschen, trockenschütteln, grob hacken.

3 Knoblauch schälen. Mit der Knoblauchpresse zerkleinern oder ganz fein hacken und in ein Schüsselchen geben. Die anderen Dressing-Zutaten hinzufügen und mit einem Schneebesen zu einer homogenen Masse verrühren. Mit Salz und Pfeffer abschmecken.

4 Die Hälfte des Dressings über das Brot geben. Tomaten, Kräuter und Oliven hinzufügen, mit dem restlichen Dressing begießen. Gut durchmischen und nochmals mit Salz und Pfeffer abschmecken und mit Arganöl beträufeln.

Tipp Alternativ können auch Weißbrot oder Ciabatta verwendet werden. Wer es schärfer mag, rührt unter das Dressing 1 TL Harissa (scharfe orientalische Würzsoße; im Supermarkt oder online erhältlich).

Argentinien

ARGENTINIEN: Das denkwürdige Spiel

Bei der elften Fußballweltmeisterschaft 1978 triumphierte erneut der Gastgeber – nach Uruguay (1930), Italien (1934), England (1966) und Deutschland (1974) sicherten sich auch die Argentinier den WM-Titel im eigenen Land. Das Endspiel gegen die zum zweiten Mal hintereinander in einem Weltmeisterschaftsfinale unterlegenen Niederländer begann Argentinien mit einer taktischen Finesse: Schon auf dem Platz, reklamierte man die Schutzmanschette des holländischen Angreifers René van de Kerkhof, die dieser wegen einer Verletzung am Unterarm trug. Verletzung und Manschette waren lange bekannt gewesen. Erst nach endlosen und vor allem die Niederländer nervenden Minuten wurde das WM-Finale angepfiffen. Prompt übernahm Argentinien das Kommando und ging folgerichtig in der ersten Halbzeit durch Mario Kempes in Führung. Acht Minuten vor dem Ende wurde es plötzlich still im mit über 70.000 Zuschauern gefüllten Stadion in Buenos Aires: Das 1:1 war gefallen. In der Verlängerung jedoch machten erneut Kempes und dann Daniel Bertoni für Argentinien alles klar.

Iguazú-Wasserfälle

ARGENTINIEN: Das Land

HAUPTSTADT	Buenos Aires
EINWOHNERZAHL	41 Millionen
FLÄCHE IM VERGLEICH	fast 8-mal so groß wie Deutschland
STAATS- UND REGIERUNGSFORM	Präsidiale Bundesrepublik
AMTSSPRACHE	Spanisch
ORTSZEIT IN BUENOS AIRES BEIM ANPFIFF DES ENDSPIELS	16:00 Uhr
SPEKTAKULÄR	An der Grenze zwischen Argentinien und Brasilien bilden fast 300 große und kleine Katarakte das einzigartige Iguazú-Wasserfallsystem, das auf einer Länge von 2,7 Kilometern über 60 Meter in die Tiefe stürzt.
WAR SCHAUPLATZ BEI JAMES BOND IN	*Moonraker* (1979, mit Roger Moore). Zumindest spielt eine wichtige Szene des Films an den Iguazú-Wasserfällen.
MCDONALD'S BETREIBT HIER	209 Lokale.

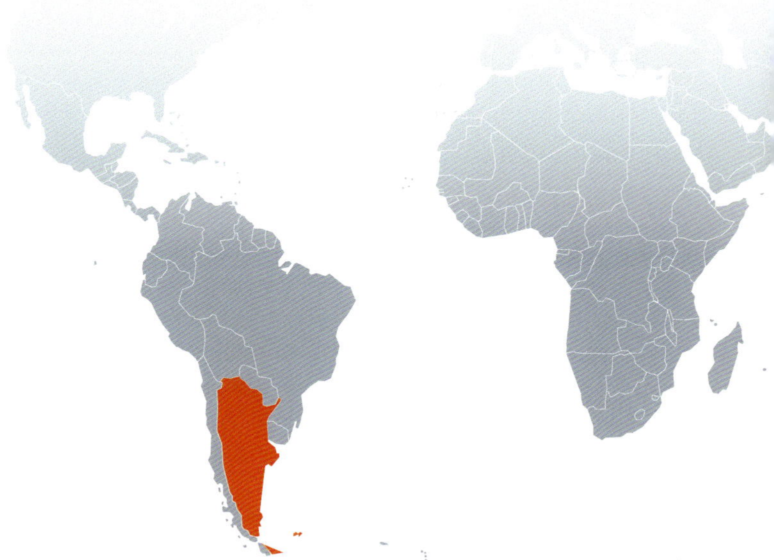

ARGENTINIEN: Der Fußball

NAME DER OBERSTEN LIGA	Primera División Argentina
ANZAHL DER VEREINE IN DER OBERSTEN LIGA	20
REKORDMEISTER	CA River Plate Buenos Aires
SPITZNAME DER NATIONALELF	La albiceleste (die Weißblaue)
WM-TEILNAHMEN	16 seit 1930
BESTES WM-ERGEBNIS	Weltmeister 1978 und 1986
REKORDNATIONALSPIELER	Javier Zanetti (145 Spiele zwischen 1994 und 2011)

ARGENTINIEN: Die Küche

In Argentinien leben mehr Rinder als Einwohner, und der Staat zählte lange zu den führenden Rindfleischexporteuren der Welt. Die Absatzzahlen gingen in den letzten Jahren zwar zurück, aber die Qualität des Fleisches ist nach wie vor großartig. Besondere Fettarmut und delikater Geschmack sind ein Resultat der natürlichen Zuchtbedingungen: Die Herden weiden in den riesigen Ebenen der fruchtbaren Pampa und ernähren sich von frischem Gras und Quellwasser. Steaks spielen daher eine wichtige Rolle in der argentinischen Küche, die ansonsten stark europäisch geprägt ist. Besonders italienische und spanische Einwanderer nahmen großen Einfluss auf ihre Entwicklung. Pasta findet man in jeder Region des Landes, ebenso wie Pizza, die hier einen dicken Boden hat und üppig belegt wird. Den spanischen Tapas ähnelt die *picada*, eine Zwischenmahlzeit, bei der kleine Häppchen auf den Tisch kommen. Mate-Tee gilt als Nationalgetränk, das am liebsten in Gemeinschaft genossen wird. Außerdem trinken Argentinier gern einheimisches Bier und Wein.

Argentinien

Chorizo a la pomarola

CHORIZO-WÜRSTE IN PAPRIKA-TOMATEN-SOSSE

45 MINUTEN

4 CHORIZO-WÜRSTE*

1 ZWIEBEL

1 KNOBLAUCHZEHE

2 EL ÖL

JE 1 ROTE, GRÜNE UND GELBE PAPRIKASCHOTE

1 DOSE TOMATEN IN STÜCKEN (ca. 400 g)

¼ TASSE HEISSES WASSER

1 BRÜHWÜRFEL

1 LORBEERBLATT

SALZ, PFEFFER

1 BUND PETERSILIE

1 Zwiebel und Knoblauchzehe schälen und fein hacken. Paprikaschoten waschen, halbieren, Stielansätze und Kerne entfernen und in kleine Würfel schneiden. Petersilie waschen, trockenschütteln, die Stiele entfernen und die Blätter fein hacken.

2 Das Öl in einer tiefen Pfanne auf mittlerer Flamme erhitzen. Zwiebel und Knoblauch darin glasig dünsten. Paprikawürfel hinzufügen und 5 Minuten unter Rühren anbraten.

3 Den Inhalt der Dose Tomaten, das Wasser, den Brühwürfel und das Lorbeerblatt zugeben. Aufkochen, dann auf kleiner Flamme köcheln lassen, bis die Soße eingedickt ist, dabei öfter umrühren. Mit Salz und Pfeffer pikant abschmecken.

4 Die Würste zufügen und weiter köcheln, bis das Gemüse gar ist. Die Petersilie unterrühren und auftragen. Schmeckt mit Baguette, kräftigem Mischbrot oder Kartoffelpüree.

Tipp Anstelle von Chorizo kann auch eine andere würzige Rohwurst Verwendung finden, z. B. rohe Bratwurst wie die französische Merguez, die türkische Sucuk oder die ungarische Kolbász. Lassen Sie sich gegebenenfalls am Fleischtresen des Supermarktes beraten.

* Mit Paprika gewürzte spanische Rohwurst, im gut sortierten Supermarkt oder im spanischen Lebensmittelladen erhältlich (siehe auch Bezugsquellen Seite 94).

Australien

AUSTRALIEN: Das Land

HAUPTSTADT	Canberra
EINWOHNERZAHL	22,7 Millionen
FLÄCHE IM VERGLEICH	ungefähr 22-mal so groß wie Deutschland
AMTSSPRACHE	Englisch
ORTSZEIT IN CANBERRA BEIM ANPFIFF DES ENDSPIELS	05:00 Uhr des nächsten Tages
JAMES BOND HAT NOCH NIE	in Australien ermittelt. Der australische Kontinent ist der einzige, der noch nie Schauplatz in einem der Filme war.
MCDONALD'S BETREIBT HIER	896 Restaurants.

AUSTRALIEN: Das denkwürdige Spiel

Nur 3.000 Zuschauer waren am 11. April 2001 in Coffs Harbour dabei, als Australien gegen Amerikanisch-Samoa der höchste jemals herausgeschossene Sieg in einem WM-Qualifikationsmatch gelang, zugleich der bisher höchste Erfolg in einem Fußball-Länderspiel überhaupt. 31:0 lautete der Endstand. Allein Australiens Stürmer Archie Thompson erzielte 13 Treffer, darunter zwei Hattricks in der ersten Halbzeit. – Für die Australier, die in dieser Gruppenphase unter anderem auch noch 22:0 in Tonga und 11:0 gegen Samoa gewannen, reichte es trotzdem nicht für die Qualifikation zur WM 2002 in Japan und Südkorea. Als Ozeanien-Sieger zogen sie in der Relegation gegen den Südamerika-Fünften Uruguay den Kürzeren, nach einem 1:0 in Australien und einem 0:3 im Rückspiel in Montevideo. Vielleicht trug zum Scheitern bei, dass in Uruguay nur noch drei Spieler vom Rekordsieg gegen Amerikanisch-Samoa auf dem Feld standen – darunter weder Thompson noch der achtfache Torschütze David Zdrilic.

AUSTRALIEN: Der Fußball

SPITZNAME DER NATIONALELF	Socceroos
WM-TEILNAHMEN	4 seit 1974
BESTES WM-ERGEBNIS	Achtelfinale 2006
REKORDNATIONALSPIELER	Mark Schwarzer (104 Spiele seit 1993)

AUSTRALIEN: Die Küche

Mehr als zwanzig verschiedene Vegetationszonen mit ihrem unterschiedlichen Lebensmittelangebot, Fisch und Meeresfrüchte in Hülle und Fülle, tropisches und subtropisches Obst, Spitzenweine, exotische Fleischsorten wie Känguruh, Emu oder Krokodil: Australien ist ein kulinarisches Paradies. Längst hat sich die Küche von einer Kopie britischer Traditionen zur wirklichen *crossover kitchen* gewandelt – die besten Einflüsse der asiatischen, europäischen und pazifischen Küchen fanden hier Eingang und bilden mittlerweile eines der aufregendsten, mannigfaltigsten, buntesten Speisenangebote der Welt.

Chilled melon soup

GEEISTE MELONEN-SUPPE

20 MINUTEN (+ 2 STUNDEN KÜHLZEIT)

- 1 HONIGMELONE
- SAFT ½ LIMETTE
- 2 ZWEIGE FRISCHE MINZE
- 2 TL ZUCKER
- EINIGE MINZBLÄTTER ZUM GARNIEREN
- 8 EISWÜRFEL (OPTIONAL)

1 Melone vierteln, die Samen entfernen, das Fleisch mit einem Löffel aus der Schale lösen und zum Pürieren in eine tiefe Schüssel oder in die Küchenmaschine geben.

2 Die Minze waschen und trockenschütteln. Die Blätter von den Stielen zupfen, grob hacken und mit dem Limettensaft und dem Zucker zu dem Melonenfleisch geben. Pürieren, bis eine gleichmäßige Masse entstanden ist. Für mindestens 2 Stunden in den Kühlschrank stellen.

3 Zum Servieren pro Person 2 Eiswürfel in einen tiefen Teller geben und die Suppe auffüllen. Mit den Minzblättern garnieren.

Tipp Die Suppe kann schnell abgewandelt werden: Vor dem Kaltstellen zum Beispiel 250 g halbierte, kernlose Weintrauben und das Mark von 4 Passionsfrüchten (Maracuja) unterrühren. Oder anstelle des Obstes einen Becher Joghurt oder einen Becher körnigen Frischkäse zugeben und gegebenenfalls zusätzlich mit Honig nach Geschmack süßen.

Belgien

BELGIEN: Das denkwürdige Spiel

Seit 1966 wird die Fußballweltmeisterschaft mit einem echten Eröffnungsspiel unter Beteiligung des Gastgebers oder des amtierenden Weltmeisters begonnen. Viermal war dieses Match 0:0 ausgegangen, und 1982 bei der WM in Spanien hatten Titelverteidiger Argentinien und der krasse Außenseiter Belgien der traurigen Statistik bereits eine weitere torlose Stunde hinzugefügt. In der 62.Minute jedoch war es vorbei mit der Verweigerungshaltung in Start-Matches: Erwin Vandenbergh erzielte das entscheidende 1:0 für Belgien. Eine faustdicke Überraschung zum WM-Auftakt und vor allem anscheinend ein Durchbruch für die Ewigkeit, denn danach gab es bei Eröffnungsspielen nie wieder eine Partie ohne Treffer.

BELGIEN: Der Fußball

NAME DER OBERSTEN LIGA	Jupiter Pro League
ANZAHL DER VEREINE IN DER OBERSTEN LIGA	16
REKORDMEISTER	RSC Anderlecht
SPITZNAME DER NATIONALELF	Rode Deubels (Diables Rouges, Rote Teufel)
WM-TEILNAHMEN	12 seit 1930
BESTES WM-ERGEBNIS	vierter Platz 1986
REKORDNATIONALSPIELER	Jan Ceulemans (96 Spiele zwischen 1977 und 1991)

BELGIEN: Das Land

HAUPTSTADT	Brüssel
EINWOHNERZAHL	11,1 Millionen
FLÄCHE IM VERGLEICH	etwas kleiner als Nordrhein-Westfalen
ORTSZEIT IN BRÜSSEL BEIM ANPFIFF DES ENDSPIELS	21:00 Uhr
SCHAUPLATZ BEI JAMES BOND	war Belgien noch nie.
MCDONALD'S BETREIBT HIER	65 Restaurants.

Spezialität aus Belgien: feine Pralinés

Pannenkoek met garnalencocktail

PFANNKUCHEN UND NORDSEEKRABBENSALAT

45 MINUTEN

Für die Pfannkuchen

100 g MEHL

100 g SPEISESTÄRKE

2 EIER

2 TASSEN MILCH

50 g BUTTER

½ BUND RUCOLA

2 ZWEIGE PETERSILIE

2 ZWEIGE DILL

½ TL SALZ

½ TL PFEFFER

BUTTER FÜR DIE PFANNE

Für den Krabbensalat

4 GROSSE TOMATEN

1 ZITRONE

½ BUND PETERSILIE

2 EL MAYONNAISE

200 g KÜCHENFERTIGE NORDSEEKRABBEN

SALZ, PFEFFER

½ BUND RUCOLA

1 Für den Pfannkuchenteig 50 g Butter auf kleiner Flamme erwärmen, bis sie flüssig ist (nicht heiß werden lassen!), vom Herd nehmen. Rucola und Kräuter waschen, trockentupfen und fein hacken.

2 Mehl, Speisestärke, Milch, Butter, Eier, Kräuter, Salz und Pfeffer in einer Schüssel mit einem Schneebesen verschlagen und beiseite stellen.

3 Nun den Krabbensalat zubereiten: An der Oberseite der Tomaten einen Deckel abschneiden. Die Tomaten mit einem Teelöffel vorsichtig komplett aushöhlen. Die Zitrone abwaschen und mit einer feinen Küchenreibe so viel Schale abreiben, dass die Menge ungefähr 1 TL ergibt. Die Petersilie waschen und fein hacken.

4 Mayonnaise, Zitronenschale, Petersilie, Salz und Pfeffer in einer Schüssel gut verrühren und die Krabben unterheben.

5 Den Rucola waschen und grob hacken. Auf 4 Teller je eine Tomate setzen und diese mit den Garnelen füllen. Die Deckel aufsetzen. Daneben je ein Viertel des gehackten Rucola platzieren. Falls nicht der ganze Krabbensalat in die Tomaten passt, den Rest auf den Rucola verteilen. Beiseite stellen.

6 In einer antihaftbeschichteten Pfanne (∅ ca. 20 cm) auf mittlerer Flamme 1 EL Butter heiß werden lassen. 1 Suppenkelle des Teigs hineinfüllen, so dass der Boden der Pfanne gleichmäßig bedeckt ist. Nach 2 bis 3 Minuten ist der Teig fest geworden. Mit einem Bratenwender unter den Pfannkuchen gehen und ihn vorsichtig wenden, von der anderen Seite ca. ½ Minute backen. Auf einen Teller gleiten lassen und mit dem Rest des Teigs genauso verfahren.

7 Je einen Pfannkuchen zur Hälfte zusammenklappen und auf den Tellern mit dem Krabbensalat anrichten.

Tipp Wenn Sie eine größere Portion Pfannkuchen zubereiten, heizen Sie Ihren Backofen auf ca. 100 Grad vor, um auf einem Teller im Ofen warm zu halten, was bereits fertig ist. Legen Sie dabei zwischen die einzelnen Kuchen je ein Blatt Back- oder Butterbrotpapier, dann kleben sie nicht zusammen.

Bosnien und Herzegowina

Eine der Sehenswürdigkeiten Bosnien-Herzegowinas: die Brücke von Mostar

BOSNIEN UND HERZEGOWINA: Das denkwürdige Spiel

Sechs Spieler, die in der deutschen Bundesliga aktiv waren oder noch sind, standen in der Startelf Bosnien-Herzegowinas, als es am 15. Oktober 2013 gelang, sich mit einem 1:0-Sieg im letzten Gruppenspiel der Qualifikation in Litauen erstmals die Teilnahme an einem großen Finalturnier zu sichern. Bei den vorangegangenen Welt- und Europameisterschaften war Bosnien-Herzegowina stets – zum Teil nur sehr unglücklich – in den abschließenden Relegationsspielen gescheitert. Anders diesmal: Mit dem Siegtor in Kaunas ebnete der für den VfB Stuttgart spielende Vedad Ibisevic seinem Land den Weg zur WM 2014.

BOSNIEN UND HERZEGOWINA: Das Land

HAUPTSTADT	Sarajevo
EINWOHNERZAHL	3,8 Millionen
FLÄCHE IM VERGLEICH	etwas größer als Niedersachsen
ORTSZEIT IN SARAJEVO BEIM ANPFIFF DES ENDSPIELS	21:00 Uhr
WAR SCHAUPLATZ BEI JAMES BOND IN	*Liebesgrüße aus Moskau* (1963, mit Sean Connery).
MCDONALD'S BETREIBT HIER	5 Restaurants.

BOSNIEN UND HERZEGOWINA: Der Fußball

SPITZNAME DER NATIONALELF	Zmajevi (Drachen)
WM-TEILNAHMEN	eine – Debüt 2014 in Brasilien
BESTES WM-ERGEBNIS	Teilnahme 2014
REKORDNATIONALSPIELER	Zvjezdan Misimović (78 Spiele seit 2004)

Ćevapčići

HACKFLEISCHRÖLLCHEN VOM GRILL

1 STUNDE + MINDESTENS 1 STUNDE RUHEZEIT

250 g RINDERHACK

250 g LAMMHACK (ERSATZWEISE INSGESAMT 500 g RINDERHACK)

3 KNOBLAUCHZEHEN

½ EL SALZ

½ EL PFEFFER

ÖL ZUM BRATEN (FALLS KEIN GRILL ZUR HAND IST)

4 ZWIEBELN

1 Das Hackfleisch in eine ausreichend große Schüssel geben.

2 Knoblauch schälen und sehr fein hacken (oder durch eine Presse geben). Mit dem Salz und Pfeffer zum Fleisch geben. Alles gut verkneten – mindestens 5 Minuten.

3 Aus der Masse mit feuchten Händen Röllchen von ca. 10 cm Länge und einem Durchmesser von ca. 3 cm formen. Nebeneinander in ein geeignetes Gefäß legen, das mit Frischhaltefolie oder einem Deckel verschlossen werden kann. Mindestens 1 Stunde, am besten aber über Nacht ziehen lassen.

4 Über Holzkohle ca. 10 Minuten grillen oder in einer beschichteten (Grill-)Pfanne Öl erhitzen und die Röllchen darin braten. Die Zwiebeln schälen und in Scheiben schneiden. Die Ćevapčići auf einem Teller mit den Zwiebelscheiben bedecken und mit Fladenbrot servieren.

Brasilien

BRASILIEN: Das denkwürdige Spiel

Phantastische Spiele hat der fünffache Fußballweltmeister Brasilien reichlich bestritten. Selbstverständlich zählen alle gewonnenen WM-Finals dazu, von denen eines jedoch besonders beeindruckt. Vielleicht waren die Brasilianer ihren Gegnern sowohl im Turnierverlauf als auch im Endspiel nie wieder so haushoch überlegen wie 1958 in Schweden, als ein 17-Jähriger mit dem Namen Edson Arantes do Nascimento, den sie alle nur Pelé nannten, die internationale Fußballbühne betrat. Etwas ganz Besonderes: Der 5:2-Endspielsieg gegen den Gastgeber ist der bis heute einzige WM-Finalerfolg, der einer amerikanischen oder europäischen Nationalmannschaft auf dem „gegnerischen“ Kontinent gelang.

Die Christusstatue in Rio de Janeiro

BRASILIEN: Das Land

HAUPTSTADT	Brasilia
EINWOHNERZAHL	198,7 Millionen
FLÄCHE IM VERGLEICH	ungefähr 24-mal so groß wie Deutschland
STAATS- UND REGIERUNGSFORM	Präsidiale Bundesrepublik
AMTSSPRACHE	Portugiesisch
ORTSZEIT IN BRASILIA BEI ANPFIFF DES ENDSPIELS	16:00 Uhr
SPEKTAKULÄR	Die Christusstatue (Christo Redentor) auf dem Corcovado in Rio de Janeiro zählt zu den neuen sieben Weltwundern und ist zugleich Symbol für das katholische Brasilien.
WAR SCHAUPLATZ BEI JAMES BOND IN	*Moonraker* (1979, mit Roger Moore).
MCDONALD'S BETREIBT HIER	731 Restaurants.

BRASILIEN: Der Fußball

NAME DER OBERSTEN LIGA	Série A
ANZAHL DER VEREINE IN DER OBERSTEN LIGA	20
REKORDMEISTER	Palmeiras São Paulo, FC Santos (je 8)
SPITZNAME DER NATIONALELF	Seleção (die Auswahl)
WM-TEILNAHMEN	20 seit 1930 (Rekordteilnehmer)
BESTES WM-ERGEBNIS	Weltmeister 1958, 1962, 1970, 1994 und 2002
REKORDNATIONALSPIELER	Cafú (142 Spiele zwischen 1990 und 2006)

BRASILIEN: Die Küche

Eine lange vorkoloniale Geschichte, die wechselvolle Zeit unter den verschiedenen Eroberern und Einwanderer, die aus aller Herren Länder nach Brasilien kamen, hinterließen diverse kulinarischen Spuren. Die drei wichtigsten Einflussfaktoren sind wohl die indianische, die portugiesische und die afrikanische Küche; sie brachten unter anderem schwarze Bohnen, Stockfisch und Maniok an den Amazonas.

Die regionalen Unterschiede sind dabei naturgemäß beachtlich – Brasilien ist nach Fläche und Einwohnerzahl das fünftgrößte Land der Welt. Überall aber kocht man mit frischen Zutaten, die traditionell lieber auf dem Markt als im Supermarkt gekauft werden. Die exotische Note vieler Gerichte und phantasievolle Kombinationen machen einen besonderen Reiz aus.

Weltweiter Beliebtheit erfreut sich der Caipirinha (auch: die Caipirinha; das Wort ist im Portugiesischen weiblich), ein Cocktail aus Zuckerrohrschnaps, Limettensaft, Zucker und Eis.

Brasilien

Arroz de camarãos do Maranhão

REISPFANNE NACH MARANHÃO-ART

1 STUNDE

- 1½ TASSEN RUNDKORNREIS
- 500 g TIEFKÜHLGARNELEN (ODER SHRIMPS), GESCHÄLT
- 4 EL ZITRONENSAFT
- 3 EL SESAMSAMEN
- 2 INSTANT-ASIA-TÜTENSUPPEN SHRIMPGESCHMACK ODER 1 HANDVOLL KRUPUK
- 3 EL WEIZENMEHL
- 2 KNOBLAUCHZEHEN
- 1 ZWIEBEL
- 1 CHILISCHOTE (ODER MEHR ODER WENIGER, JE NACH GESCHMACK)
- 5 EL OLIVENÖL
- 1 BUND RUCOLA
- 1 DOSE TOMATEN IN STÜCKEN (ca. 400 g)
- 1 DOSE OKRASCHOTEN (ca. 300 g, AUCH OKRA IN TOMATENSOSSE PASST)
- 1 TASSE FRISCHE KRÄUTER (JE ⅓ PETERSILIE, KORIANDER, SCHNITTLAUCH), GEWASCHEN UND GEHACKT
- ½ TL PFEFFER (AM BESTEN FRISCH UND GROB GEMAHLEN), SALZ

1 Reis unter fließendem Wasser gründlich waschen und abtropfen lassen. Shrimps mit 2 EL Zitronensaft marinieren. Sesamsamen in einer Pfanne ohne Öl bei mittlerer Hitze unter Rühren leicht bräunen.

2 Aus den Suppentüten nur die Päckchen mit der Würzmischung verwenden. Ihren Inhalt (oder das Krupuk) mit Mehl und Sesam mischen und in einem Mörser oder einer Küchenmaschine zerkleinern.

3 Zwiebel und Knoblauch schälen und fein hacken. Die Chilischote längs halbieren, die Kerne entfernen und ebenfalls hacken.

4 Rucola waschen. Ein Topf mit ca. ½ Liter Wasser zum Kochen bringen, den Rucola zugeben, aufkochen, Hitze reduzieren und ca. 3 Minuten köcheln. Abgießen, dabei das Kochwasser auffangen und beiseite stellen. Rucola grob hacken.

5 2 EL Olivenöl in einem Topf erhitzen, den Reis dazugeben, Hitze reduzieren und bei mittlerer Hitze ca. 6 Minuten unter gelegentlichem Rühren braten, bis der Reis glasig ist. 2½ Tassen heißes Wasser angießen, mit 1 TL Salz würzen. Umrühren, Hitze weiter reduzieren und auf kleiner Flamme köcheln, bis der Reis bissfest ist (ca. 12–15 Minuten). Ab und zu umrühren und, wenn nötig, etwas Wasser nachgießen.

6 In der Zwischenzeit in einem anderen Topf 3 EL Olivenöl auf mittlerer Hitze erhitzen und Zwiebeln und Knoblauch darin anschwitzen, bis beides glasig ist.

7 Chili und die Shrimps dazugeben und alles auf kleiner Flamme köcheln lassen, bis die Flüssigkeit verdampft ist. Tomaten, Kräuter und Rucola, das Rucola-Kochwasser, die Okraschoten und den restlichen Zitronensaft dazugeben, alles aufkochen.

8 Zum Schluss die Mehlmischung, Pfeffer und Salz unterrühren. Das Gericht muss schön sämig sein, gegebenenfalls noch ein bisschen Wasser nachgießen. Hitze reduzieren und 5 weitere Minuten köcheln, bis alles heiß ist.

9 Den Reis auf einer Platte anrichten, mit der Soße übergießen und auftragen.

Tipp Anstelle der Würzmischung aus den Asia-Suppen oder Krupuk können Sie auch Krustentierpaste verwenden (steht im Supermarkt meist in der Nähe der Tütensuppen oder Soßenfonds).

Chile

CHILE: Das denkwürdige Spiel

Wie manch anderes Team auch hatte die chilenische Nationalmannschaft ihren stärksten WM-Auftritt bei der Weltmeisterschaft im eigenen Land: Ihr Weg durch das Turnier von 1962 führte die Chilenen – in dem einen oder anderen Match von den Schiedsrichtern nicht gerade benachteiligt – in das Spiel um Platz drei. Nachdem es im Halbfinale ein 2:4 gegen den späteren Weltmeister Brasilien gegeben hatte, jubelten am 16. Juni 1962 im Stadio Nacional von Santiago de Chile fast 70.000 Zuschauer in der allerletzten Minute über das goldene Tor von Eladio Rojas gegen Jugoslawien und den dritten WM-Rang der Gastgeber.

CHILE: Das Land

HAUPTSTADT	Santiago de Chile
EINWOHNERZAHL	16,6 Millionen
FLÄCHE IM VERGLEICH	etwas mehr als doppelt so groß wie Deutschland
AMTSSPRACHE	Spanisch
ORTSZEIT IN SANTIAGO BEIM ANPFIFF DES ENDSPIELS	15:00 Uhr
SCHAUPLATZ BEI JAMES BOND	war Chile noch nie.
MCDONALD'S BETREIBT HIER	77 Restaurants.

Rotwein aus Chile hat mittlerweile Weltniveau

CHILE: Der Fußball

NAME DER OBERSTEN LIGA	Primera Divisíon
ANZAHL DER VEREINE IN DER OBERSTEN LIGA	18
REKORDMEISTER	CSD Colo-Colo Santiago
SPITZNAME DER NATIONALELF	La Roja (die Rote)
WM-TEILNAHMEN	9 seit 1930
BESTES WM-ERGEBNIS	dritter Platz 1962
REKORDNATIONALSPIELER	Leonel Sánchez (84 Spiele zwischen 1955 und 1966)

Pescado con salsa margarita

FISCH MIT MEERESFRÜCHTESOSSE

45 MINUTEN

Für den Fisch

- 4 LACHSSTEAKS OHNE HAUT à 200 g
- 1 ZITRONE
- 4 EL OLIVENÖL ZUM MARINIEREN
- SALZ, PFEFFER
- 2 EL MEHL
- JE 2 EL BUTTER UND OLIVENÖL ZUM ANBRATEN

Für die Soße

- 500 g MEERESFRÜCHTE (TIEFKÜHLWARE)
- 1 KLEINE ZWIEBEL
- 1 GLAS WEISSWEIN (0,1 l)
- 2 EL SPEISESTÄRKE
- 4 EL BUTTER
- 4 EL OLIVENÖL
- 1 TASSE MILCH
- ½ BECHER SCHLAGSAHNE (100 g)

1 Die Zitrone auspressen. Die Lachssteaks waschen und trockentupfen. Auf einem Teller mit Zitronensaft und Olivenöl bestreichen, salzen und pfeffern, beiseite stellen. Das Mehl auf einen weiteren Teller geben.

2 Für die Soße Zwiebel schälen und vierteln. In einer Pfanne auf mittlerer Hitze Butter und Öl erhitzen, die Zwiebel darin ca. 3 Minuten dünsten. Die Meeresfrüchte dazu geben, den Wein angießen und alles ca. 8 Minuten köcheln lassen.

3 In einem Topf 2 EL Butter schmelzen, Speisestärke darüberstäuben, mit Milch aufgießen und alles mit einem Schneebesen gut zu einer cremigen Soße verschlagen. Aufkochen lassen, zu den Meeresfrüchten geben, mit Salz und Pfeffer abschmecken, nochmals aufkochen. Hitze reduzieren und die Sahne dazugeben. Die Soße muss schön cremig sein; wenn sie zu flüssig ist, noch etwas Speisestärke in die Sahne rühren, bevor sie zu den Meeresfrüchten gegeben wird. Vom Herd nehmen.

4 Öl und Butter in einer Pfanne auf mittlerer Hitze schmelzen. Die Lachssteaks in dem Mehl wenden und in die Pfanne geben. 3–4 Minuten von jeder Seite dünsten (bei dickeren Steaks kann es auch ein bisschen länger dauern).

5 Die Soße nochmals aufkochen. Den Fisch auf 4 Teller verteilen, die Soße darüber geben. Mit Reis oder Kartoffelpüree servieren.

Tipp Der Fisch kann auch gedünstet oder gegrillt werden. Anstelle von Lachs eignet sich jeder andere Fisch mit festem Fleisch, der in Steaks oder als Filet angeboten wird.

Costa Rica

COSTA RICA: Das denkwürdige Spiel

Brasilien, Schweden und Schottland – angesichts dieser Gruppengegner gaben die Experten Costa Rica bei der Fußballweltmeisterschaft 1990 in Italien praktisch keine Chance auf das Überstehen der Vorrunde. Doch genau das passierte, gleich bei der ersten WM-Teilnahme: Nach einem 1:0 gegen Schottland und einer ehrenvollen Niederlage mit dem selben Ergebnis gegen das große Brasilien musste im letzten Gruppenspiel gegen Schweden möglichst ein Sieg her. Die Skandinavier gingen allerdings in der ersten Halbzeit durch Johnny Ekström, der einen Teil seiner Karriere bei Bayern München verbrachte, in Führung. In der Schlussviertelstunde aber drehten Kapitän Roger Flores und Einwechselspieler Hernan Medford die Partie und verhalfen Costa Rica zum völlig überraschenden Einzug ins Achtelfinale. Dort war dann jedoch Endstation (1:4 gegen die damalige Tschechoslowakei).

Aus costaricanischem Kaffee wird auch Likör hergestellt

COSTA RICA: Das Land

HAUPTSTADT	San José
EINWOHNERZAHL	4,8 Millionen
FLÄCHE IM VERGLEICH	ungefähr so groß wie Niedersachsen
ORTSZEIT IN SAN JOSÉ BEIM ANPFIFF DES ENDSPIELS	13:00 Uhr
WAR SCHAUPLATZ BEI JAMES BOND IN	*Goldfinger* (1964, mit Sean Connery) – zumindest vielleicht, denn die Auftaktszene spielt in einem nicht genannten mittelamerikanischen Staat, der – wie Costa Rica – zu den großen Bananenexporteuren zählt.
MCDONALD'S BETREIBT HIER	50 Restaurants.

COSTA RICA: Der Fußball

REKORDMEISTER	Deportivo Saprissa
SPITZNAME DER NATIONALELF	Los Ticos
WM-TEILNAHMEN	4 seit 1990
BESTES WM-ERGEBNIS	Achtelfinale 1990
REKORDNATIONALSPIELER	Walter Centeno (135 Spiele zwischen 1995 und 2009)

Gallo pinto

REIS MIT BOHNEN

½ STUNDE

2 TL NEUTRALES ÖL (z.B. RAPS- ODER SONNENBLUMENÖL)

3 KNOBLAUCHZEHEN

1 GROSSE ROTE ZWIEBEL

JE 1 GRÜNE UND ROTE PAPRIKASCHOTE

2 TASSEN GEKOCHTER REIS

1 DOSE ROTE BOHNEN (ca. 400 g)

1 TL SALZ

4–5 TL SALSA LIZANO*

½ BUND KORIANDER

1 BECHER SAUERRAHM

1 Knoblauchzehen und Zwiebel schälen und fein hacken. Paprikaschoten waschen, halbieren, entkernen und in kleine Würfel schneiden. Koriander waschen, die Blätter von den Stängeln zupfen und grob hacken.

2 Die Bohnen abgießen, Flüssigkeit auffangen.

3 Öl in einer tiefen Pfanne auf mittlerer Hitze erwärmen und die Zwiebeln darin dünsten, bis sie glasig sind. Dann die Paprikawürfel hinzufügen und unter gelegentlichem Rühren dünsten, bis sie weich sind. Knoblauch und Salz zugeben und noch eine weitere Minute dünsten.

4 Die Bohnen mit ein wenig der aufgefangenen Flüssigkeit und die Salsa Lizano dazugeben, ungefähr 3 Minuten köcheln. Falls das *gallo* zu trocken ist, weitere Bohnenflüssigkeit zugeben.

5 Den Reis zugeben und so lange auf dem Herd lassen, bis der Reis heiß ist. Dabei gut umrühren; gegebenenfalls noch Flüssigkeit nachfüllen. Zum Servieren mit dem Koriander bestreuen. Den Sauerrahm in einer kleinen Schüssel verrühren, bis er eine gleichmäßige Konsistenz hat, und extra reichen.

* Salsa Lizano ist eine Würzsoße, die in praktisch jeden costaricanischen Haushalt gehört. Man kann sie mittlerweile auch in Deutschland kaufen (siehe Bezugsquellen Seite 94). Notfalls verwendet man Worcestersoße.

Deutschland

DEUTSCHLAND: Das denkwürdige Spiel

Ob jung, ob alt, ob Frau, ob Mann – so gut wie jeder in Deutschland hat die Worte des Reporters Herbert Zimmermann schon einmal gehört: „Aus dem Hintergrund müsste Rahn schießen … Rahn schießt … Toooor, Toooor, Tooor!“, und rund sechs Minuten später: „Aus! Aus! Aus! Das Spiel ist aus!“ Ja, das Spiel war aus, Deutschland hatte die als unschlagbar geltenden Ungarn 3:2 besiegt, Deutschland war 1954 in der Schweiz Weltmeister geworden, Deutschland – und das macht dieses Match so einzigartig – war wieder wer. Ein ganzes Land richtete sich neun Jahre nach dem Ende eines desaströsen Krieges ein wenig oder auch ein wenig mehr an einem gewonnenen Fußballspiel auf.

Nordfriesische Küste mit Wattenmeer

DEUTSCHLAND: Das Land

HAUPTSTADT	Berlin
EINWOHNERZAHL	81,9 Millionen
FLÄCHE IM VERGLEICH	24-mal kleiner als Brasilien
STAATS- UND REGIERUNGSFORM	Parlamentarische Bundesrepublik
AMTSSPRACHE	Deutsch
ORTSZEIT IN BERLIN BEIM ANPFIFF DES ENDSPIELS	21:00 Uhr
SPEKTAKULÄR	Das Wattenmeer der Nordsee, das größte der Welt, gehört seit 2009 zum UNESCO-Welterbe. Den Gezeiten folgend, wird es zweimal täglich bei Hochwasser überflutet und fällt dazwischen bei Niedrigwasser trocken.
WAR SCHAUPLATZ BEI JAMES BOND IN	*Octopussy* (1985, mit Roger Moore) und *Der MORGEN stirbt nie* (1997, mit Pierce Brosnan).
MCDONALD'S BETREIBT HIER	1.440 Restaurants.

DEUTSCHLAND: Der Fußball

NAME DER OBERSTEN LIGA	Bundesliga
ANZAHL DER VEREINE IN DER OBERSTEN LIGA	18
REKORDMEISTER	FC Bayern München
SPITZNAME DER NATIONALELF	... gibt es nicht.
WM-TEILNAHMEN	insgesamt 18 seit 1934
BESTES WM-ERGEBNIS	Weltmeister 1954, 1974 und 1990
REKORDNATIONALSPIELER	Lothar Matthäus (150 Spiele zwischen 1980 und 2000)

DEUTSCHLAND: Die Küche

Deutsche Küche? Wurst, Kraut und Bier, mehr Masse als Klasse – das sind die gängigen Klischees. Ja, die deutsche Küche ist traditionell herzhaft und hochkalorig, und noch dazu hatte das Land zu der Zeit, als andere Länder exotische Gewürze aus ihren Kolonien einführten, nur Salz, Pfeffer und Küchenkräuter aus dem heimischen Garten zur Verfügung. Trotzdem liefert jede Region Deutschlands ihre eigenen Spezialitäten, von denen sich einige durch weltweite Bekanntheit auszeichnen und sogar als Lehnwörter in andere Sprachen Eingang fanden – in Italien gibt es *Pizza Wurstel* und in den USA *hot dogs with sauerkraut*. Und mit mehr als 300 Brot- und über 1.200 Kleingebäcksorten wird zwischen Nordsee und Alpen so viel Backware wie nirgends sonst auf der Welt verkauft.

Deutschland

Berliner Buletten und Kräuter-Kartoffelsalat

KLASSIKER TRIFFT MODERNE

1 STUNDE

Für die Buletten

500 g GEMISCHTES HACKFLEISCH (HALB UND HALB)
½ BRÖTCHEN VOM VORTAG
2½ TL SALZ
1 TL PFEFFER
1 TL GETROCKNETER MAJORAN
1 TL GETROCKNETER THYMIAN
1 TL KÜMMEL
2 EIER
SEMMELBRÖSEL
NEUTRALES ÖL ZUM BRATEN (z.B. RAPSÖL)

Für den Kartoffelsalat

5 GROSSE KARTOFFELN
1 TL SALZ
JE ½ BUND DILL, SCHNITTLAUCH, PETERSILIE
2 EL SENF
2 EL HIMBEER-, DATTEL- ODER FEIGEN-BALSAMICO-CREME (ERSATZWEISE 2 EL BALSMICO-CREME UND 1 TL ZUCKER)
8 EL SONNENBLUMEN- ODER RAPSÖL
1 TL SALZ
½ TL PFEFFER
PETERSILIE ZUM GARNIEREN

1 Zunächst das Dressing für den Kartoffelsalat bereiten: Kräuter abspülen, trockentupfen und fein hacken. Senf und die Balsamico-Creme miteinander verrühren, das Öl langsam und unter ständigem Rühren mit einem kleinen Schneebesen oder einer Gabel dazugeben, bis die Soße schön cremig ist. Salzen, pfeffern, die Kräuter unterheben und beiseite stellen.

2 Kartoffeln schälen, waschen, vierteln, in einem Topf knapp mit Wasser bedecken, 1 TL Salz dazugeben und gar kochen. Noch lauwarm in Würfel mit ca. 2 cm Kantenlänge schneiden. In eine Schüssel geben, das Kräuterdressing vorsichtig unterheben, mit Salz und Pfeffer abschmecken. ½ Stunde ruhen lassen, dann nochmals abschmecken.

3 Für die Buletten Brötchen in 1 cm dicke Scheiben schneiden, in einer kleinen Schüssel mit lauwarmem Wasser bedecken und ¼ Stunde einweichen. Abgießen und gut ausdrücken.

4 Fleisch und Brötchen in eine Schüssel geben.1 Ei und die Gewürze unterkneten, kräftig abschmecken (nicht zu wenig Salz verwenden!). Mit nassen Händen 8 Buletten formen.

5 Das zweite Ei in einem tiefen Teller mit einer Gabel verschlagen. Die Semmelbrösel auf einen weiteren Teller geben. Die Buletten durch die Eier ziehen und in den Semmelbröseln wenden.

6 Das Fett erhitzen. Die Buletten bei starker Hitze auf beiden Seiten kräftig anbraten (ca. 3 Minuten je Seite), dann auf mittlere Hitze reduzieren und in 8–10 Minuten fertig braten.

7 Den Kartoffelsalat mit Petersilie garnieren und zu den Buletten servieren.

Tipp Für diesen Salat können auch Salz- oder Pellkartoffeln verwendet werden, die von einem anderen Essen übrig geblieben sind.

Ecuador

ECUADOR: Das denkwürdige Spiel

2006 hatte sich Ecuador nach 2002 erst zum zweiten Mal für eine WM-Endrunde qualifiziert. Um so überraschender waren die beiden klaren Auftaktsiege gegen Polen und Costa Rica (2:0 und 3:0), die die Teilnahme an der K.-o.-Phase schon vor dem abschließenden Gruppenspiel gegen Gastgeber Deutschland (0:3) sicherten. Im Achtelfinale hieß der Gegner England, vor dem die unerfahrenen Südamerikaner trotz großer Namen wie Beckham, Lampard oder Rooney wenig Respekt zeigten. Ecuador lieferte ein beherztes Spiel. Ganz reichte es für das Viertelfinale dann aber doch nicht: David Beckham verhinderte durch seinen entscheidenden Treffer nach genau einer Stunde eine Überraschung.

ECUADOR: Das Land

HAUPTSTADT	Quito
EINWOHNERZAHL	15,5 Millionen
FLÄCHE IM VERGLEICH	etwa ein Drittel kleiner als Deutschland
ORTSZEIT IN QUITO BEIM ANPFIFF DES ENDSPIELS	14:00 Uhr
SCHAUPLATZ BEI JAMES BOND	war Ecuador noch nie.
MCDONALD'S BETREIBT HIER	21 Restaurants.

ECUADOR: Der Fußball

SPITZNAME DER NATIONALELF	La Tri (von La Tricolore, die Dreifarbige)
WM-TEILNAHMEN	3 seit 2002
BESTES WM-ERGEBNIS	Achtelfinale 2006
REKORDNATIONALSPIELER	Iván Hurtado (121 Spiele zwischen 1992 und 2010)

Ein Vikunja in den ecuadorianischen Anden

Llapingachos con ají

KARTOFFELPLÄTZCHEN MIT SCHARFER SOSSE

1 STUNDE ARBEITSZEIT
+ 2 STUNDEN RUHEZEIT
FÜR DEN KARTOFFELTEIG

Für die Kartoffelplätzchen

1 KG MEHLIG KOCHENDE KARTOFFELN

1 ZWIEBEL

2 EL NEUTRALES ÖL

1–2 TL SALZ

1 MOZZARELLA (125 g)

2 EL MEHL

4 EL NEUTRALES ÖL ZUM BRATEN

Für die Soße

2 PAPRIKASCHOTEN

2 FLEISCHTOMATEN

2 CHILISCHOTEN

½ LIMETTE

1 TL SALZ

1 EL OLIVENÖL

½ BUND KORIANDER

1 ROTE ZWIEBEL

1 Die Kartoffeln schälen, waschen, vierteln, in einem Topf knapp mit Wasser bedecken und weich kochen. Abgießen und etwas abkühlen lassen.

2 Zwiebel schälen und fein hacken. Öl auf mittlerer Flamme erhitzen, Zwiebel darin glasig dünsten (ca. 5 Minuten). In eine Schüssel geben. Die Kartoffeln zu ganz feinem Teig stampfen, nach Geschmack salzen, die Zwiebel unterheben. 1 Stunde bei Zimmertemperatur ruhen lassen. Den Mozzarella ganz fein würfeln, beiseite stellen.

3 Den Saft aus der Limette pressen und auffangen. Korianderblättchen von den Stielen zupfen, waschen, grob hacken. Zwiebel schälen und in feine Ringe schneiden. Chilischoten waschen, halbieren und die Samenstränge entfernen.

4 In einem Topf ca. 1 Liter Wasser zum Kochen bringen. In der Zwischenzeit Tomaten und Paprika waschen, vom Stielansatz befreien. Paprika vierteln, Samen entfernen. Beides in das kochende Wasser geben und ca. 3 Minuten blanchieren. Abgießen, die Tomate häuten, alles in grobe Stücke schneiden und zusammen mit den Chilischoten in einem Mixer pürieren. In eine Schüssel gießen, Limettensaft, Salz und Olivenöl unterrühren und abkühlen lassen.

5 Aus dem Kartoffelteig 10 Klöße formen. In die Mitte je 1 tiefes Loch drücken, mit Mozzarellawürfeln füllen und den Teig darüber gut zusammendrücken. Der Käse darf keine Chance haben auszutreten, sonst verbrennt er beim Braten. Vorsichtig zu 2–3 cm dicken Plätzchen platt drücken. Nebeneinander in eine Schale legen, mit Frischhaltefolie bedecken und für 1 Stunde in den Kühlschrank stellen.

6 In einer beschichteten Pfanne das restliche Öl bei mittlerer Hitze erwärmen. Das Mehl auf einem Teller verteilen, die Plätzchen darin wälzen und von jeder Seite ca. 4 Minuten braten. (Selbst wenn sie äußerst behutsam gewendet werden, wird etwas von dem Teig an der Pfanne hängen bleiben, und sie werden ein bisschen an Form verlieren.) Auf einer Platte anrichten.

7 Koriander unter die Soße rühren, zusammen mit den Zwiebelwürfeln zu den Kartoffelplätzchen servieren.

Elfenbeinküste

ELFENBEINKÜSTE: Das denkwürdige Spiel

Von den Fachjournalisten wurde es zum besten Spiel der Vorrunde bei der WM 2006 in Deutschland gewählt. Kaufen konnten sich die Kicker von der Elfenbeinküste dafür allerdings nichts, denn besagtes Match ging gegen Argentinien 1:2 verloren, und anderthalb Wochen später waren die Ivorer nach der Gruppenphase aus dem Turnier ausgeschieden. Was das Team von der Elfenbeinküste aber an diesem 10. Juni 2006 in Hamburg bot, war erstklassig und stellte dem afrikanischen Fußball ein exzellentes Zeugnis aus. Und beinahe wäre die Elfenbeinküste nach dem Anschlusstor in der 82. Minute durch Didier Drogba sogar noch zum Ausgleich gegen die technisch ebenfalls überragenden Südamerikaner gekommen.

ELFENBEINKÜSTE: Der Fußball

SPITZNAME DER NATIONALELF	Les Éléphantes
WM-TEILNAHMEN	3 seit 2006
BESTES WM-ERGEBNIS	Gruppenphase 2006 und 2010
REKORDNATIONALSPIELER	Didier Zokora (115 Spiele seit 2000)

ELFENBEINKÜSTE: Das Land

HAUPTSTADT	Yamoussoukro (Regierungssitz: Abidjan)
EINWOHNERZAHL	19,8 Millionen
FLÄCHE IM VERGLEICH	etwas kleiner als Deutschland
ORTSZEIT IN YAMOUSSOUKRO BEIM ANPFIFF DES ENDSPIELS	19:00 Uhr
SCHAUPLATZ BEI JAMES BOND	war die Elfenbeinküste noch nie.
MCDONALD'S BETREIBT HIER	keine Restaurants.

Im sudanosahelischen Baustil: die Moschee der nordivorischen Stadt Kong

30 MINUTEN

- 2 TASSEN GEKOCHTER, KALTER REIS
- 1 TASSE GEKOCHTES HÜHNERFLEISCH, GEWÜRFELT (z.B. RESTE VOM BRATHUHN)
- 1 STANGE STAUDENSELLERIE
- 1 PAPRIKASCHOTE
- ½ FRISCHE ANANAS
- ¼ GALIA-MELONE
- 1 EL FRISCHES KOKOSFLEISCH*
- 1 EL UNGESALZENE ERDNÜSSE
- 1 TL SALZ
- ½ TASSE MAYONNAISE
- 1 ORANGE
- PETERSILIE ODER KRESSE ZUM GARNIEREN

Riz au gras en salade

EXOTISCHER REISSALAT

* Frisches Kokosfleisch gibt es in vielen Supermärkten zu kaufen (als ganze Kokosnüsse oder – bereits in mundgerechte Stücke geschnitten – im Kühlregal der Obstabteilung). Falls Sie kein frisches bekommen können, nehmen Sie Kokosraspeln aus dem Backzutatenregal.

1 Staudensellerie und Paprikaschote waschen und abtrocknen. Sellerie in feine Scheiben schneiden. Paprika halbieren, Stielansatz entfernen, in kleine Würfel schneiden. Ananas- und Melonenfleisch ebenfalls in kleine Würfel schneiden. Frisches Kokosfleisch raspeln. Erdnüsse schälen, grob hacken. Orange waschen, Schale abreiben (ca. 1 TL) und Saft auspressen (ca. 2 EL).

2 Alle trockenen Zutaten bis auf die Erdnüsse in einer Schüssel miteinander vermischen.

3 Mayonnaise, Orangenschale und -saft sowie Salz verrühren, bis eine cremige Soße entstanden ist.

4 Die Fleisch-Frucht-Mischung auf vier Salatschüsselchen oder -teller verteilen.

5 Die Orangenmayonnaise mit einem Teelöffel über den Salat geben.

6 Die Erdnüsse darüber streuen und mit Petersilie oder Kresse garnieren.

England

ENGLAND: Das denkwürdige Spiel

1966 bei der WM im eigenen Land erzielte England im Finale gegen Deutschland das wohl berühmteste (Nicht-)Tor der Fußballgeschichte. Nachdem die *Three Lions* in den letzten Sekunden der regulären Spielzeit noch das 2:2 durch den deutschen Verteidiger Wolfgang Weber hatten hinnehmen müssen, klatschte ein Schuss von Geoff Hurst in der 101. Minute von der Unterkante der Latte auf die Torlinie. Der Schweizer Schiedsrichter Gottfried Dienst war sich – obwohl im Strafraum postiert – nicht sicher, ob er auf Tor entscheiden sollte oder nicht. Anerkannt wurde der Treffer letztlich per beherztem „Yes, behind the line" vom wesentlich weiter entfernt stehenden Linienrichter Tofik Bachramow, nach dem bis heute das Nationalstadion von Aserbaidschan benannt ist. Egal wie – die Engländer waren die beste Mannschaft des Turniers und wurden durch das 4:2 im Endspiel (Hurst traf in der Schlussminute der Verlängerung nochmals) verdient Weltmeister.

Stonehenge

ENGLAND: Das Land

HAUPTSTADT	London
EINWOHNERZAHL	53 Millionen
FLÄCHE IM VERGLEICH	etwas mehr als 2-mal so groß wie Bayern
STAATS- UND REGIERUNGSFORM	Landesteil der konstitutionell-parlamentarischen Monarchie Vereinigtes Königreich Großbritannien und Nordirland
AMTSSPRACHE	Englisch
ORTSZEIT IN LONDON BEIM ANPFIFF DES ENDSPIELS	20:00 Uhr
SPEKTAKULÄR	Den Baubeginn von Stonehenge, einer in Südengland gelegenen Monolith-Anlage, datieren Archäologen auf 3100 v.Chr. (zum Vergleich: Rom wurde 753 v.Chr. gegründet).
WAR SCHAUPLATZ BEI JAMES BOND	in *Skyfall* (2012, mit Daniel Craig) und davor schon sehr oft – schließlich hat Bonds Arbeitgeber, der britische Auslandsgeheimdienst MI6, seinen Hauptsitz in London.
MCDONALD'S BETREIBT HIER	die meisten seiner 1.208 Restaurants im Vereinigten Königreich.

ENGLAND: Der Fußball

NAME DER OBERSTEN LIGA	Premier League
ANZAHL DER VEREINE IN DER OBERSTEN LIGA	20
REKORDMEISTER	Manchester United
SPITZNAME DER NATIONALELF	Three Lions
WM-TEILNAHMEN	14 seit 1950
BESTES WM-ERGEBNIS	Weltmeister 1966
REKORDNATIONALSPIELER	Peter Shilton (125 Spiele zwischen 1970 und 1990)

ENGLAND: Die Küche

Einem jungen, lässigen, engagierten Mann ist es zu verdanken, dass man heute bei englischer Küche nicht mehr nur an Fish 'n' Chips, Roastbeef oder geschmacksneutrale Fleischpasteten denkt. (Obwohl die englische Küche bis zum Zusammenbruch des britischen Kolonialreiches Anfang des 20. Jahrhunderts einen ausgezeichneten Ruf genoss: Durch den einfachen Zugang zu Gewürzen und exotischen Zutaten und das Koch-Fachwissen des englischen Hauspersonals hatte sie ein exquisites Niveau erreicht.)
Jamie Oliver, gelernter Koch aus der Grafschaft Essex und während seiner Arbeit im legendären Londoner River Café fürs Fernsehen entdeckt, hatte gleich mit seiner ersten TV-Koch-Show *The Naked Chef* internationalen Erfolg. Sein lockeres, gewinnendes Auftreten und raffinierte Abwandlungen von Rezepten mit einfachsten Zutaten machen nach wie vor die Anziehungskraft seiner Sendungen aus – und die seiner Kochbücher, von denen bislang weltweit mehr als zwölf Millionen Exemplare verkauft wurden. Für seine zahlreichen Initiativen rund um das Thema Essen und sein soziales Engagement wurde er mittlerweile zum *Member of the Order of the British Empire* ernannt.
Mit seinem Projekt *Ministry of Food* versucht er beispielsweise, den Einwohnern interessierter Städte und Gemeinden das Kochen mit frischen Zutaten und gesunde Ernährung nahezubringen. Dafür lehrt er eine kleine Gruppe von Bürgern Rezepte, die sie dann in Kochveranstaltungen nach dem Train-the-Trainer-Prinzip an Nachbarn, Kollegen und Freunde weitergeben. Die Idee stammt aus der Zeit des Zweiten Weltkriegs: Das britische *Ministry of Food* hatte während der Lebensmittelrationierung auf diese Weise Rezepte an die Bevölkerung verteilt, die dabei helfen sollten, auch mit wenigen Rohstoffen schmack- und nahrhafte Gerichte zuzubereiten.

Englischer Klassiker: Fish 'n' Chips

England

BLT Club Deluxe

CLUB-SANDWICH

FÜR 2 PERSONEN

30 MINUTEN

8 SCHEIBEN GERÄUCHERTER SCHINKENSPECK, DÜNN GESCHNITTEN

2 TL OLIVENÖL

6 SCHEIBEN SANDWICH-BROT

5 EL MAYONNAISE

2 REIFE TOMATEN

2 SALATBLÄTTER

SALZ, SCHWARZER PFEFFER

½ ROTE ZWIEBEL

1 KLEINE AVOCADO (ODER ½ GROSSE)

COCKTAILSPIESSCHEN

1 Tomaten und Salatblätter waschen, trocknen. Tomaten in Scheiben schneiden. Avocado halbieren, den Stein entfernen, quer in dünne Scheiben schneiden. Zwiebel schälen, ebenfalls in Scheiben schneiden.

2 Olivenöl bei mittlerer Hitze erhitzen. Das Fett an den Seiten des Schinkenspecks etwas einschneiden. Den Schinken in dem Öl 3–4 Minuten goldbraun und knusprig braten.

3 Das Brot toasten und 2 Scheiben großzügig mit Mayonnaise bestreichen. Mit Tomaten und Salat belegen, gut salzen und pfeffern.

4 Zwei weitere Toastscheiben mit Mayonnaise bestreichen und auflegen. Oberfläche ganz dünn mit Mayonnaise bestreichen.

5 Den Schinken, die Zwiebel und die Avocadoscheiben auf den oberen Broten verteilen, gut salzen und pfeffern und mit den letzten beiden Brotscheiben abdecken. Dabei leicht andrücken.

6 Die Sandwiches mit einem scharfen Messer in Viertel schneiden. Einen Cocktailspieß in jedes Viertel stecken. Sofort servieren, dann ist der Schinken noch knackig und die Mayonnaise leicht geschmolzen.

Frankreich

FRANKREICH: Der Fußball

SPITZNAME DER NATIONALELF	Les Bleus (die Blauen)
WM-TEILNAHMEN	14 seit 1930
BESTES WM-ERGEBNIS	Weltmeister 1998
REKORDNATIONALSPIELER	Lilian Thuram (142 Spiele zwischen 1994 und 2008)

Lavendelfeld in der Provence

FRANKREICH: Das Land

HAUPTSTADT	Paris
EINWOHNERZAHL	65,7 Millionen
FLÄCHE IM VERGLEICH	etwa eineinhalbmal so groß wie Deutschland
ORTSZEIT IN PARIS BEIM ANPFIFF DES ENDSPIELS	21:00 Uhr
WAR SCHAUPLATZ BEI JAMES BOND IN	*Feuerball* (1965), *Diamantenfieber* (1971), *Sag niemals nie* (1983, alle mit Sean Connery), *Im Angesicht des Todes* (1985, mit Roger Moore), *Der MORGEN stirbt nie* (1997, mit Pierce Brosnan).
MCDONALD'S BETREIBT HIER	1.258 Restaurants.

FRANKREICH: Das denkwürdige Spiel

Weltmeister im eigenen Land – das hat es in der WM-Geschichte bislang immerhin sechsmal gegeben, zuletzt 1998, als sich *Les Bleus* den Titel holten. Knapp war es gewesen für die Franzosen auf dem Weg ins Endspiel: Im Achtelfinale gegen Paraguay brauchten sie ein Golden Goal sechs Minuten vor Ende der Verlängerung, im Viertelfinale ein Elfmeterschießen gegen Italien, im Halbfinale hieß es nach zwischenzeitlichem Rückstand auch nur 2:1 gegen Kroatien. Doch im Finale ging dann alles ganz leicht. Gegen Brasilien erzielte der unbestrittene Turnierstar Zinedine Zidane schon vor der Halbzeitpause zwei Kopfballtore, eigentlich nicht gerade seine Spezialität. Mit mehr als den drei Toren Vorsprung des Endergebnisses von 3:0 hatte nie eine Mannschaft ein WM-Endspiel gewonnen, und vor allem war es die bis heute einzige Niederlage einer brasilianischen Mannschaft im Finale einer Weltmeisterschaft.

Crevettes au Pastis

RIESENGARNELEN MIT PASTIS

30 MINUTEN

- 12 bzw. ca. 750 g RIESENGARNELENSCHWÄNZE (KING PRAWNS), KÜCHENFERTIG, ABER MIT SCHALE*
- 6 EL OLIVENÖL
- 200 ml TROCKENER WEISSWEIN
- 1 SCHALOTTE (ODER KLEINE ZWIEBEL)
- 2 KNOBLAUCHZEHEN
- ½ BUND PETERSILIE
- ½ BUND DILL
- 4 EL BUTTER
- 1 TL FENCHELSAMEN
- 5 EL PASTIS (ODER EIN ANDERER ANISSCHNAPS WIE PERNOD ODER OUZO)
- SALZ, PFEFFER
- 2 TL ZITRONENSAFT
- 1 ZITRONE, IN ACHTEL GESCHNITTEN (ALS GARNITUR)
- FRISCHES BAGUETTE

1 Garnelen waschen, abtropfen lassen und aus den Schalen brechen. Das Fleisch beiseite stellen.

2 Die Schalotte und den Knoblauch schälen und sehr fein hacken. Die Kräuter waschen, trockenschütteln, grobe Stiele entfernen und ebenfalls fein hacken.

3 In einem Topf 2 EL Olivenöl erhitzen, die Garnelenschalen darin kräftig anrösten. Mit dem Wein ablöschen und bei starker Hitze auf die Hälfte einkochen. Vom Herd nehmen und durch ein feines Sieb in eine Schüssel seihen.

4 Das übrige Öl mit 2 EL Butter in einer Pfanne erhitzen. Garnelen, Schalotte, Knoblauch und Fenchelsamen hineingeben und bei mittlerer Hitze 1–2 Minuten unter Rühren braten, bis sich die Garnelen rot färben (Schalotte und Knoblauch dürfen nicht dunkel werden!).

5 Garnelen-Wein-Sud, Pastis und Kräuter untermischen. Die restliche Butter in kleinen Flöckchen hinein rühren. Mit Salz, Pfeffer und Zitrone abschmecken.

6 Mit den Zitronen garnieren und mit Baguette servieren.

* Wenn Tiefkühlgarnelen ohne Schale verwendet werden, den Weinsud mit einigen Garnelen bereiten, die anstelle der Garnelenschalen scharf angebraten werden. Tiefkühlgarnelen können unaufgetaut in die Pfanne gegeben werden. Sie benötigen ca. 5–8 Minuten zum Garen und geben viel Flüssigkeit ab.

Ghana

GHANA: Das denkwürdige Spiel

Nur Ägypten war häufiger Afrikameister als Ghana. Viermal holten die Fußballer aus dem westlichen Teil des Kontinents den Titel. Der jüngste Triumph liegt mittlerweile allerdings schon ziemlich lange zurück: 1982 gewann Ghana bei der Endrunde in Libyen. Im Halbfinale wurde Algerien in der Verlängerung mit 3:2 niedergerungen, und im Endspiel ging es dann sogar bis ins Elfmeterschießen, bevor der 8:7-Erfolg über den Gastgeber feststand. – Heutzutage ist man daran gewöhnt, dass praktisch alle Spieler westafrikanischer Nationalteams ihr Geld im Ausland verdienen. In der siegreichen Elf von 1982 standen mit Mannschaftsführer Emmanuel Quarshie und George J'air Alhassan nur zwei Legionäre. Und die spielten beide für Vereine aus … dem nahen Gabun.

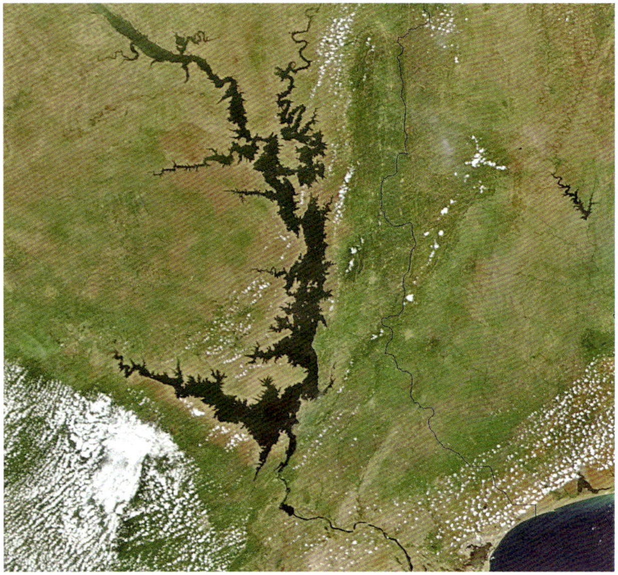

Der Volta-Stausee aus der Luft betrachtet

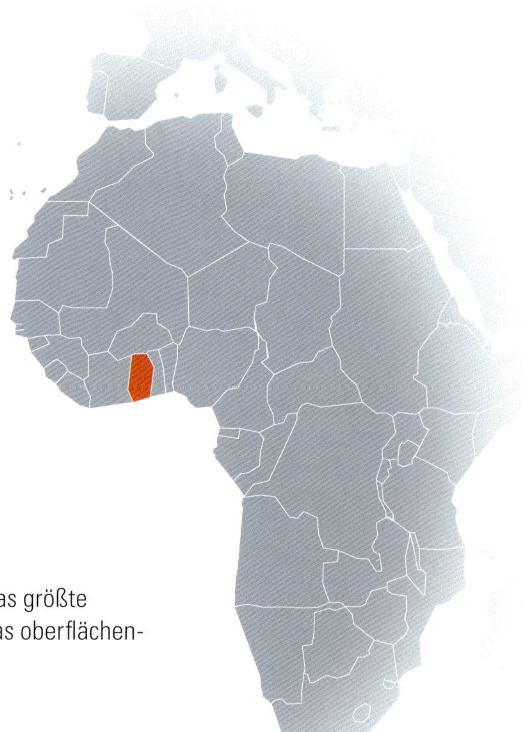

GHANA: Das Land

HAUPTSTADT	Accra
EINWOHNERZAHL	25,4 Millionen
FLÄCHE IM VERGLEICH	ein Drittel kleiner als Deutschland
STAATS- UND REGIERUNGSFORM	Präsidialrepublik
AMTSSPRACHE	Englisch
ORTSZEIT IN ACCRA BEIM ANPFIFF DES ENDSPIELS	19:00 Uhr
SPEKTAKULÄR	Der 1966 fertiggestellte Volta-Stausee ist das größte Binnengewäser des Landes und bis heute das oberflächengrößte künstliche Gewässer der Erde.
SCHAUPLATZ BEI JAMES BOND	war Ghana noch nie.
MCDONALD'S BETREIBT HIER	keine Restaurants.

GHANA: Der Fußball

NAME DER OBERSTEN LIGA	GLO Premier League
ANZAHL DER VEREINE IN DER OBERSTEN LIGA	16
REKORDMEISTER	Kumasi Asante Kotoko
SPITZNAME DER NATIONALELF	Black Stars
WM-TEILNAHMEN	3 seit 2006
BESTES WM-ERGEBNIS	Viertelfinale 2010
REKORDNATIONALSPIELER	Richard Kingson (90 Spiele zwischen 1996 und 2011)

GHANA: Die Küche

Ghanaer essen gern gehaltvoll und scharf; verschiedene Pfeffersorten, Chili, Ingwer, Knoblauch, Palmöl und Erdnuss-Soße geben vielen Gerichten eine pikante Note. Ziegen-, Rind- und Hammelfleisch finden häufig Verwendung, in den Küstenregionen und am Volta-See auch Fisch. In den fruchtbaren Tälern wachsen Maniok, Yams, Kochbananen, Okraschoten, Auberginen, Tomaten, Mais, Bohnen, Süßkartoffeln und Obst. Wegen der schnellen Verderblichkeit aufgrund der hohen Temperaturen findet man praktisch keine Milch oder Milchprodukte in der ghanaischen Küche, auch Kurzgebratenes ist so gut wie unbekannt. Eine Mahlzeit besteht meist aus nur einem Gang und bietet neben einer Sättigungsbeilage eine dicke, würzige Gemüsesuppe, in der Fleisch oder Fisch – oft auch beides zusammen – längere Zeit gegart wurde.

Üppiges Obst- und Gemüseangebot auf den Märkten des tropischen Ghana

Ghana

Gari Fortor

COUSCOUS MIT THUNFISCH NACH WESTAFRIKANISCHER ART

45 MINUTEN

5 EL SPEISEÖL MIT NEUTRALEM GESCHMACK (z.B. RAPS- ODER SONNENBLUMENÖL)

2 ZWIEBELN

2 MÖHREN

1 STÜCK FRISCHER INGWER (CA. 10 cm)

1–2 EL CAYENNEPFEFFER ODER ROSENPAPRIKA

2 DOSEN TOMATEN IN STÜCKEN (à 400 g)

2 DOSEN THUNFISCH IN AUFGUSS, EIGENEM SAFT ODER ÖL (175 g), ABGETROPFT

1 TL SALZ

½ TL ZUCKER

1 GROSSE TASSE (KAFFEEPOTT) COUSCOUS

1 GROSSE TASSE (KAFFEEPOTT) HEISSES WASSER

2 HARTGEKOCHTE EIER, GEPELLT UND GEVIERTELT

1 MINI-ROMANA-SALAT, ERSATZWEISE EISBERGSALAT

1 Zwiebeln schälen und in Scheiben schneiden. Möhren waschen, wenn nötig schaben und würfeln. Ingwer schälen und fein reiben (ca. 1 EL).

2 Öl auf mittlerer Flamme erhitzen und die Zwiebeln mit dem Cayennepfeffer darin weich dünsten (ca. 5 Minuten).

3 Tomaten, Möhren, Ingwer, Thunfisch, Salz und Zucker hinzufügen und ca. 10 Minuten köcheln, bis die Möhren gar, aber noch bissfest sind. Ab und zu umrühren.

4 In der Zwischenzeit Couscous in einer Schüssel mit dem heißen Wasser übergießen und 5 Minuten quellen lassen.

5 Die fertige Tomaten-Thunfisch-Mischung gut mit dem Couscous vermengen.

6 Von den Salatköpfen einige schöne Blätter abzupfen, waschen und trockentupfen. Auf einem großen runden Teller oder einer Platte anrichten, das Gari darauf häufen und mit den Eiern garnieren.

Griechenland

GRIECHENLAND: Das denkwürdige Spiel

Keiner hätte ernsthaft darauf gesetzt, dass Griechenland 2004 die EM in Spanien und Portugal gewinnen würde. Die von Otto Rehhagel gecoachten Griechen waren in jedem Spiel der Außenseiter. Das galt auch für das Finale, obwohl Griechenland den Co-Gastgeber Portugal, auf den man jetzt erneut traf, im Eröffnungsspiel sensationell mit 2:1 geschlagen hatte. Doch tatsächlich reichte es wieder für die Griechen. Mit Rehhagels fast schon sprichwörtlicher „kontrollierten Offensive“ und durch ein Tor von Angelos Charisteas gewannen sie mit 1:0. Ganz Hellas geriet für Tage in den Ausnahmezustand, aus Charisteas wurde Euro-Charri und aus König Otto I. von Bremen schlicht Rehakles.

Santorini, eine der über 3.000 griechischen Inseln

GRIECHENLAND: Der Fußball

SPITZNAME DER NATIONALELF	To Piratiko (das Piratenschiff)
WM-TEILNAHMEN	3 seit 1994
BESTES WM-ERGEBNIS	Gruppenphase 1994 und 2010
REKORDNATIONALSPIELER	Georgios Karagounis (131 Spiele seit 1999)

GRIECHENLAND: Das Land

HAUPTSTADT	Athen
EINWOHNERZAHL	11,3 Millionen
FLÄCHE IM VERGLEICH	ungefähr 8-mal so groß wie Thüringen
ORTSZEIT IN ATHEN BEIM ANPFIFF DES ENDSPIELS	22:00 Uhr
WAR SCHAUPLATZ BEI JAMES BOND IN	*In tödlicher Mission* (1981, mit Roger Moore).
MCDONALD'S BETREIBT HIER	22 Restaurants.

Mezedes

GEMISCHTE VORSPEISEN

1 STUNDE

Backofen auf 175 Grad vorheizen. Bohnen, die Kartoffeln und den Fetakäse vorbereiten wie beschrieben, zusammen in den Ofen schieben und ca. 20 bis 30 Minuten backen.

FETA PSITI

Gebackener Fetakäse

500 g FETAKÄSE

8 EL OLIVENÖL

4 TL GETROCKNETER OREGANO

1 Eine Auflaufform mit einem EL Olivenöl ausstreichen. Den Fetakäse in ½ cm dicke Scheiben schneiden. Die Fetascheiben in die Form legen, jede mit etwas Olivenöl besprenkeln und mit etwas Oregano bestreuen.

2 In den Ofen schieben und backen. Der Käse soll nur weich und leicht braun werden, aber nicht zerlaufen.

PATATAS FOURNOU

Knoblauchkartoffeln

1½ KG KARTOFFELN

5 EL OLIVENÖL

3 ZITRONEN

5 KNOBAUCHZEHEN

5 TL GETROCKNETER OREGANO

2 TL GETROCKNETER THYMIAN

1½ TL SALZ

PFEFFER

1 Knoblauch schälen, mit einem Messerrücken zerdrücken. Zitronen auspressen.

2 Kartoffeln schälen und in Würfel von 2–3 cm Kantenlänge schneiden. Waschen, in einem Topf knapp mit Wasser bedecken und ca. 10 Minuten kochen.

3 Abgießen und in eine große Auflaufform geben. Olivenöl und Gewürze, zuletzt den Zitronensaft darüber verteilen. Alles gut vermischen und im Ofen backen.

GIGANTES PLAKI

Riesenbohnen aus dem Ofen

1 DOSE WEISSE RIESENBOHNEN (ca. 400 g)

6 EL OLIVENÖL

1 FRÜHLINGSZWIEBEL

1 KNOBLAUCHZEHE

1 DOSE TOMATEN IN STÜCKEN (ca. 400 g)

1 LORBEERBLATT

2 TL GETROCKNETER THYMIAN

½ TL ZUCKER

1 TL SALZ

FRISCH GEMAHLENER SCHWARZER PFEFFER

½ BUND PETERSILIE

1 Zwiebel putzen, das Grün auf ca. 2 cm zurückschneiden, in feine Ringe schneiden. Knoblauch schälen, würfeln. Petersilie waschen, trockenschütteln und hacken.

2 Olivenöl auf mittlerer Flamme erhitzen. Zwiebel und Knoblauch darin ca. 3 Minuten dünsten. Tomaten hinzufügen, weitere 3 Minuten dünsten, alle übrigen Zutaten zugeben, aufkochen, in eine Auflaufform füllen und im Ofen backen.

MAROULI

Grüner Salat mit Dill und Zitrone

1 KLEINER KOPFSALAT

1 FRÜHLINGSZWIEBEL

½ BUND DILL

SAFT VON 1 ZITRONE

3 EL OLIVENÖL

SALZ

1 Den Salat waschen und trockenschütteln. Alte Blätter und den Blattansatz entfernen, in ganz schmale Streifen schneiden. Frühlingszwiebel putzen, das Grün auf ca. 2 cm zurückschneiden, in feine Ringe schneiden. Dill waschen, trockenschütteln und fein hacken.

2 Salat, Zwiebeln und Dill in einer Schüssel gut vermengen. Aus Zitronensaft, Öl und Salz mit einer Gabel oder einem Schneebesen ein Dressing schlagen und über den Salat geben. Gut vermengen.

Tipp Alles zusammen mit einem guten Wein und frischem Weißbrot auftragen.

Honduras

HONDURAS: Das Land

HAUPTSTADT	Tegucigalpa
EINWOHNERZAHL	7,9 Millionen
FLÄCHE IM VERGLEICH	etwa ein Drittel so groß wie Deutschland
ORTSZEIT IN TEGUCIGALPA BEIM ANPFIFF DES ENDSPIELS	13:00 Uhr
WAR SCHAUPLATZ BEI JAMES BOND IN	*Goldfinger* (1964, mit Sean Connery) – zumindest vielleicht, denn die Auftaktszene spielt in einem nicht genannten mittelamerikanischen Staat, der – wie Honduras – zu den wichtigsten Bananenexporteuren zählt.
MCDONALD'S BETREIBT HIER	11 Restaurants.

HONDURAS: Das denkwürdige Spiel

Das entscheidende Qualifikationsspiel war zu Ende, und es hatte nicht gereicht für Honduras: Ein Tor von Goalgetter Carlos Pavon sicherte zwar den 1:0-Sieg in El Salvador, aber Costa Rica, direkter Konkurrent um die Teilnahme an der WM 2010 in Südafrika, führte im zeitgleich ausgetragenen Spiel bei den längst qualifizierten US-Amerikanern schon zur Halbzeit mit 2:0 und rettete den knappen Sieg trotz eines in der 71. Minute kassierten Gegentreffers über die 90 Minuten. – Doch als die Spieler von Honduras gesenkten Hauptes den Platz verließen, brandete plötzlich Jubel auf. Die sich lautstark freuten, waren die rund 3.000 nach El Salvador mitgereisten Honduras-Fans. Sie hatten einen guten Grund für ihre Ausgelassenheit: In der vierten Minute der Nachspielzeit waren die USA in Washington D.C. doch noch zum Ausgleich gekommen. Honduras qualifizierte sich damit nach 1982 zum zweiten Mal für eine Weltmeisterschaft, und die Regierung rief einen Nationalfeiertag aus.

HONDURAS: Der Fußball

SPITZNAME DER NATIONALELF	La Garra Catracha (die honduranische Pranke)
WM-TEILNAHMEN	3 seit 1982
BESTES WM-ERGEBNIS	Vorrunde 1982 und 2010
REKORDNATIONALSPIELER	Amado Guevara (137 Spiele zwischen 1994 und 2010)

West Bay Beach auf der honduranischen Insel Roatán

Ensalada de repollo
WEISSKRAUTSALAT

HONDURAS: Die Küche

Die honduranische Küche wird von Obst und Gemüse geprägt. Im tropischen Klima des Karibikstaates wachsen eine Vielzahl von Früchten aller Art – Ananas, Mangos, Maracujas, Bananen, Avocados, Kochbananen, Kohl, Paprika, Kürbisse, Maniok. Zu den Grundnahrungsmitteln der Honduraner gehören Reis, Mais und Bohnen. *Baleadas* (Maistortilla mit Bohnenmus) oder *pupusas* (dicke Maistortilla mit Wurst- oder Käsestückchen) sind ausgesprochen beliebt und kommen auch gern schon zum Frühstück auf den Tisch. Auffallend häufiger als in den Nachbarländern kocht man mit Kokusnuss. Kokosmilch oder -fleisch werden nicht nur zu Süßem verarbeitet, sondern bereichern auch Salate und pikante Soßen. Von der Speisekarte nicht wegzudenken sind Suppen, von denen die bekannteste die *sopa de caracol* (Suppe mit Riesenmeeresschneckenfleisch) ist.

30 MINUTEN

- ¼ WEISSKOHLKOPF
- 1 GROSSE ODER 2 KLEINE MÖHREN
- 1 PAPRIKASCHOTE
- 1 DOSE MAIS (ca. 300 g)
- 3 EL MAYONNAISE
- ½ EL SENF
- 1 EL TOMATENKETCHUP
- SALZ, PFEFFER

1 Die äußeren Blätter des Weißkohls und den harten Stielansatz entfernen. Fein hacken, in einem Sieb unter fließendem Wasser waschen und abtropfen lassen.

2 Die Möhre(n) waschen, wenn nötig schaben und mit einer Küchenreibe raspeln.

3 Die Parikaschote waschen, halbieren, den Stielansatz und die Kerne entfernen. In Würfel schneiden.

4 Den Mais abgießen, mit dem restlichen Gemüse in eine Schüssel geben.

5 Aus Mayonnaise, Senf und Ketchup eine Soße rühren. Mit Salz und Pfeffer kräftig abschmecken.

6 Das Gemüse mit der Soße gut verrühren, nochmals abschmecken und servieren. Passt gut zu gebratenem oder gegrilltem Fleisch.

Iran

Imam-Platz und Imam-Moschee in Isfahan

IRAN: Das denkwürdige Spiel

Das erste WM-Tor des Iran fiel im Juni 1978 im argentinischen Cordoba. Dort, wo exakt zwei Wochen später Österreichs Reporterlegende Edi Finger „I werd narrisch, Krankl schießt ein!" schreien und Deutschland das entscheidende Spiel auf dem Weg ins WM-Finale völlig überraschend mit 2:3 gegen sein südliches Nachbarland verlieren sollte. – 14 Tage zuvor blieb es wesentlich ruhiger, als der Iran bei der ersten Weltmeisterschaftsteilnahme im zweiten Match seinen Premierentreffer erzielte: Der Schuss kurz vor der Halbzeitpause ging ins eigene Tor. Doch in der 60. Minute kamen die Iraner durch Iraj Danayfar gegen Schottland zum 1:1-Ausgleich (das war auch der Endstand) und damit zu ihrem ersten echten WM-Tor.

IRAN: Das Land

HAUPTSTADT	Teheran
EINWOHNERZAHL	76,4 Millionen
FLÄCHE IM VERGLEICH	fast 5-mal so groß wie Deutschland
STAATS- UND REGIERUNGSFORM	Islamische Republik
AMTSSPRACHE	Persisch
ORTSZEIT IN TEHERAN BEIM ANPFIFF DES ENDSPIELS	23:30 Uhr
SPEKTAKULÄR	Isfahan, Hauptstadt der gleichnamigen Provinz im Zentraliran, erlebte seine Blüte im 16. und 17. Jahrhundert unter der Dynastie der Safawiden. So entstand beispielsweise eine der auch heute noch größten Sehenswürdigkeiten des Vorderen Orients: der mehr als 500 Meter lange Imam-Platz mit seinen angrenzenden Prachtbauten.
SCHAUPLATZ BEI JAMES BOND	war der Iran noch nie.
MCDONALD'S BETREIBT HIER	keine Restaurants.

IRAN: Der Fußball

NAME DER OBERSTEN LIGA	Iranian Pro League
ANZAHL DER VEREINE IN DER OBERSTEN LIGA	16
REKORDMEISTER	Persepolis FC Teheran
SPITZNAME DER NATIONALELF	Team Melli
WM-TEILNAHMEN	4 seit 1978
BESTES WM-ERGEBNIS	Vorrunde 1978, 1998 und 2006
REKORDNATIONALSPIELER	Ali Daei (149 Spiele zwischen 1993 und 2006)

IRAN: Die Küche

Persien – wie der Iran bis 1934 genannt wurde – ist Heimstatt einer der ältesten Kulturen der Welt, und so hat die persische Küche antike Wurzeln. In den langen Jahren einer wechselvollen Geschichte hinterließen die verschiedenen Eroberer – Babylonier, Assyrer, Griechen, Römer, Türken … – auch kulinarisch ihre Spuren. Das ursprünglich türkische *kebab* beispielsweise zählt heute zu den Nationalgerichten im Iran. Die Nähe zu Indien hingegen bescherte den Persern das Curry, und auch das indische *naan*, ein flaches Brot aus Hirse- oder Weizenmehl, fand im Iran weite Verbreitung. Reis spielt die Hauptrolle unter den Sättigungsbeilagen, bildet aber auch die Grundlage für eine Vielzahl eigenständiger Gerichte. Kräuter, Gewürze und Früchte und eine oft säuerliche Note sind charakteristisch für viele persische Gerichte. Safran gibt Speisen eine satte gelbe Farbe, leuchtend oranges Currypulver und blutrote Granatäpfel bilden einen attraktiven Kontrast zum Grün der frischen Kräuter und Gemüse – das Essen ist immer auch ein optischer Genuss. Süßspeisen werden mit großer Hingabe zubereitet – meist allerdings nur zu feierlichen Anlässen, denn das gängige Dessert im Iran sind frische Früchte, die in dem Land in Hülle und Fülle wachsen.

Iran

Joojeh Kabab & Salad-e Shirazi

HÜHNERFLEISCHSPIESSE UND SALAT NACH SHIRAZ-ART

30 MINUTEN (+ MIND. 2 STUNDEN MARINIERZEIT)

8 HÄHNCHENBRUSTFILETS
4 MITTELGROSSE, FESTE TOMATEN
8 HOLZ- ODER GRILLSPIESSE

Für die Fleischmarinade

2 GROSSE ZWIEBELN
½ TASSE OLIVENÖL
2 TL ZITRONENSAFT
1 TL SALZ
½ TL SCHWARZER PFEFFER
½ TL SAFRAN

Für den Salat

1 GURKE
2 FLEISCHTOMATEN
1 GROSSE ZWIEBEL
4 FRISCHE MINZBLÄTTER
BLÄTTER VON 2 ZWEIGEN GLATTER PETERSILIE
1 TL SALZ
1 TL SCHWARZER PFEFFER
2 EL ZITRONENSAFT
1 EL OLIVENÖL

1 Zuerst die Fleischmarinade zubereiten: Die Zwiebeln schälen und fein würfeln, in einer Schüssel, die auch noch das Fleisch aufnehmen kann, mit dem Olivenöl, Zitronensaft und den Gewürzen mischen.

2 Hähnchenbrustfilets abspülen und mit Küchenpapier trockentupfen. In mundgerechte Stücke teilen, die groß genug sein müssen, um auf die Spieße gesteckt zu werden. In die Marinade geben, gut mit ihr vermengen und zugedeckt im Kühlschrank mindestens 2 Stunden, besser aber noch über Nacht ziehen lassen.

3 Gegen Ende der Marinierzeit Gurke und Tomaten für den Salat abspülen, Zwiebel schälen und alles in kleine Würfel schneiden. Kräuter abspülen und fein hacken. Mit dem Gemüse vermengen. Die übrigen Zutaten in einer Tasse verrühren, dazugeben und gut vermischen.

4 Die Fleischstücke auf 4 Grillspieße verteilen. Die Tomaten waschen, je eine Tomate auf einen weiteren Spieß aufspießen und mit der Fleischmarinade einpinseln.

5 Auf einem heißen Grill auf jeder Seite ca. 4 Minuten grillen, dabei häufig wenden.

6 Den Salat auf 4 Teller verteilen, die Grillspieße dazu geben. Mit Reis oder Fladenbrot servieren.

Tipp Wenn Sie Holzspieße verwenden, vergessen Sie nicht, sie gut zu wässern, damit sie beim Grillen nicht verbrennen. Statt über Holzkohle können die Spieße auch in einer Grillpfanne auf dem Herd oder mit der Grillfunktion eines Backofens zubereitet werden.

Italien

ITALIEN: Das denkwürdige Spiel

Schon unmittelbar nach dem Schlusspfiff nannte es jeder „das Spiel des Jahrhunderts“. Niemand widersprach, und bis heute wird diese Beurteilung des Halbfinals der WM 1970 zwischen Italien und Deutschland auch von der Fachwelt geteilt. 110.000 Zuschauer im Aztekenstadion von Mexiko erlebten zunächst eine ziemlich normale Begegnung. Allenfalls war bemerkenswert, dass der peruanische Schiedsrichter Yamasaki durch eine ganze Reihe zumeist Italien begünstigender Fehlentscheidungen den Spielverlauf beeinflusste. Einen ersten Höhepunkt erreichte das Match, als Karl-Heinz Schnellinger, der niemals zuvor in einem Länderspiel ins Tor getroffen hatte, aber seit Jahren sein Geld als Fußballprofi in Italien verdiente, in der Nachspielzeit die Führung der *Azzurri* zum 1:1 ausglich. Doch das war nichts gegen die anschließende Verlängerung, in der sich die Ereignisse binnen 17 Minuten überschlugen. 1:2, 2:2, 3:2, 3:3, 4:3 lautete die Torfolge aus der Sicht Italiens, das letztlich abgeklärter, geschickter und taktisch cleverer agierte. Italien war ein großer Sieg gelungen – für den die Spieler allerdings vier Tage später Tribut zollen mussten, als nach dieser Kraftanstrengung das Finale mit 1:4 gegen Brasilien verloren ging.

Castel del Monte

ITALIEN: Das Land

HAUPTSTADT	Rom
EINWOHNERZAHL	61 Millionen
FLÄCHE IM VERGLEICH	etwas kleiner als Deutschland
STAATS- UND REGIERUNGSFORM	Parlamentarische Republik
AMTSSPRACHEN	Italienisch, Deutsch, Französisch
ORTSZEIT IN ROM BEIM ANPFIFF DES ENDSPIELS	21:00 Uhr
SPEKTAKULÄR	Friedrich II. aus dem Geschlecht der Staufer, von 1220 bis zu seinem Tod im Jahr 1250 Kaiser des Heiligen Römischen Reiches, ließ ab 1240 in der süditalienischen Provinz Apulien die Festungsanlage Castel del Monte errichten. Sie ist vor allem wegen ihres einzigartigen Grundrisses so berühmt, dass sie das italienische Cent-Stück schmückt.
WAR SCHAUPLATZ BEI JAMES BOND IN	*Liebesgrüße aus Moskau* (1963, mit Sean Connery), *Der Spion, der mich liebte* (1977), *Moonraker* (1979), *In tödlicher Mission* (1981, alle mit Roger Moore), *Casino Royale* (2006) und *Ein Quantum Trost* (2008, beide mit Daniel Craig).
MCDONALD'S BETREIBT HIER	456 Restaurants.

ITALIEN: Der Fußball

NAME DER OBERSTEN LIGA	Serie A
ANZAHL DER VEREINE IN DER OBERSTEN LIGA	20
REKORDMEISTER	Juventus Turin
SPITZNAME DER NATIONALELF	Squadra Azzurra (die blaue Mannschaft)
WM-TEILNAHMEN	18 seit 1934
BESTES WM-ERGEBNIS	Weltmeister 1934, 1938, 1982 und 2006
REKORDNATIONALSPIELER	Gianluigi Buffon (138 Spiele seit 1997)

ITALIEN: Die Küche

Noch heute streiten Experten darüber, ob Nudeln in Italien oder in China erfunden wurden und ob vielleicht erst Marco Polo die Teigwaren von seiner Asienreise mitbrachte. Für viele jedenfalls ist Italien das Nudel-Land schlechthin. Und natürlich – Italien ohne Pasta, das ist schlichtweg undenkbar. Echte italienische Pasta hat dabei nichts mit den Tortellini in Schinken-Sahne-Soße zu tun, die es hierzulande seit Jahren in jeder Kneipe mit Küchenbetrieb gibt. Nur beste und frische Zutaten, Raffinesse durch Einfachheit und ein stets ausgewogenes Verhältnis zwischen Nudeln und den übrigen Zutaten (in Italien werden sie längst nicht immer mit Soße serviert) machen die Köstlichkeit von Spaghetti, Ravioli, Rigatoni & Co aus. Während Norditalien eher kurze oder gefüllte Nudeln isst, gibt man im Süden den langen Sorten den Vorzug, aber egal, ob in Mailand oder Neapel: Pasta ist keine Sättigungsbeilage, sondern meist warme Vorspeise oder Zwischengericht, gefolgt von dem Fleisch- oder Fischgang, der nur mit Gemüse oder Salat serviert wird. In der traditionellen Speisefolge kommen vor der Pasta noch die Antipasti auf den Tisch – Kleinigkeiten, die den Appetit anregen und die Zeit bis zur Pasta überbrücken.

Italien

Bruschette miste

GERÖSTETE, BELEGTE BROTE IN 5 VARIATIONEN

40 MINUTEN

Brot

Bruschetta [Mehrzahl bruschette, sprich: brusketta bzw. bruskette], geröstete und belegte Brotscheiben, sind eine der beliebtesten, ursprünglich aus der Mitte und dem Süden des Landes stammenden Antipasti. Man verwendet Weißbrot, etwa Ciabatta, Baguette, Pane Pugliese oder Kastenweißbrot.

Um das Brot vorzubereiten, den Backofen auf 180° C vorheizen. Die Brotscheiben auf einem Grillrost von beiden Seiten leicht bräunen. Alternativ können sie in einer antihaftbeschichteten Pfanne (ohne Fett!) geröstet werden.

BRUSCHETTE POMODORO E BASILICA

Geröstetes Brot mit Tomaten und Basilikum

- 4 SCHEIBEN CIABATTA
- 2 TOMATEN
- 3 KNOBLAUCHZEHEN
- 2 EL OLIVENÖL
- 1 TL SALZ

1 Den Knoblauch schälen und die Zehen halbieren. Eine kleine Schüssel mit den Schnittflächen von 2 halben Zehen ausreiben.

2 Tomaten waschen und in kleine Würfel schneiden. Mit dem gehackten Basilikum in die mit Knoblauch ausgeriebene Schale geben und mit Öl und Salz gut vermischen.

3 Brot rösten wie beschrieben. Aus dem Ofen oder der Pfanne nehmen, sofort eine Seite mit je einer halben Knoblauchzehe einreiben und auf eine Platte legen. Je 1 EL Tomatenmix darauf geben und servieren.

BRUSCHETTE CON MOZZARELLA E CRUDO

Geröstetes Brot mit Mozzarella und Schinken

- 4 SCHEIBEN CIABATTA
- 1 MOZZARELLA à 125 g
- 4 SCHEIBEN PARMASCHINKEN
- SALZ, PFEFFER

1 Den Mozzarella abgießen und in 8 Scheiben schneiden.

2 Brot rösten wie beschrieben. Auf die angerösteten Brote je 2 Scheiben Mozzarella legen, leicht salzen und pfeffern, in den Ofen zurückschieben, bis der Käse beginnt zu zerfließen. Wird eine Pfanne verwendet, die Pfanne nach Belegen der Brote mit einem Deckel verschließen, damit der Käse im Wärmestau schmelzen kann. Hitze reduzieren (Gas, Induktion) bzw. ausschalten (Elektro).

3 Aus dem Ofen bzw. der Pfanne nehmen und mit je einer Scheibe Schinken belegen. Sofort servieren.

BRUSCHETTE ACCIUGHE E GORGONZOLA

Geröstetes Brot mit Sardellen und Gorgonzola

4 SCHEIBEN CIABATTA

8 SARDELLEN IN ÖL

40 g GORGONZOLA

1 TL SAHNE

1 TL BUTTER

1 TL GETROCKNETE KRÄUTER (OREGANO, THYMIAN UND/ ODER ROSMARIN)

1 Den Gorgonzola mit der weichen Butter und der Sahne verrühren. Die Sardellen abtropfen lassen; sind sie mit grobem Salz eingelegt, vorher unter fließendem Wasser abwaschen und mit einem Küchentuch trockentupfen.

2 Brot rösten wie beschrieben. Brot aus Ofen oder Pfanne nehmen, mit der Gorgonzola-Creme bestreichen, je zwei Sardellen auflegen und nochmals für 1 Minute in den Ofen schieben.

3 Aus dem Ofen nehmen, auf eine Platte legen und mit den Kräutern bestreuen.

BRUSCHETTE AGLIO E OLIO

Geröstetes Brot mit Knoblauch und Olivenöl

4 SCHEIBEN CIABATTA

2 KNOBLAUCHZEHEN

4 TL OLIVENÖL BESTER QUALITÄT

SALZ

1 Den Knoblauch schälen und die einzelnen Zehen halbieren.

2 Brot rösten wie beschrieben. Brot aus dem Ofen oder der Pfanne nehmen, sofort eine Seite mit je einer halben Knoblauchzehe einreiben und auf eine Platte legen. Mit dem Olivenöl beträufeln, das Öl mit dem Rücken des Teelöffels verstreichen und salzen.

BRUSCHETTE PROVOLONE E OREGANO

Geröstetes Brot mit Provolone-Käse und Oregano

4 SCHEIBEN CIABATTA

8 SCHEIBEN PROVOLONE

2 TL OREGANO

SCHWARZER PFEFFER

1 Brot rösten wie beschrieben.

2 Mit je 2 Scheiben Provolone belegen und Käse im Ofen oder der Pfanne (unter verschlossenem Deckel) schmelzen lassen.

3 Aus Ofen oder Pfanne nehmen, mit je 1 TL getrocknetem Oregano bestreuen, pfeffern und servieren.

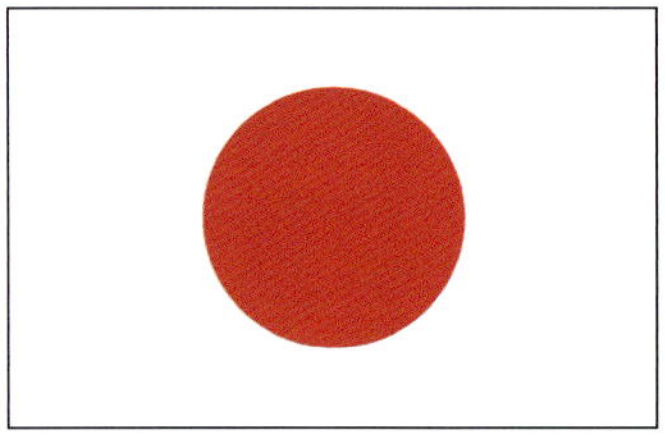

Japan

JAPAN: Das Land

HAUPTSTADT	Tokio
EINWOHNERZAHL	127,6 Millionen
FLÄCHE IM VERGLEICH	ein wenig größer als Deutschland
ORTSZEIT IN TOKIO BEI ANPFIFF DES ENDSPIELS	04:00 Uhr des nächsten Tages
WAR SCHAUPLATZ BEI JAMES BOND IN	*Man lebt nur zweimal* (1967, mit Sean Connery) und *Skyfall* (2012, mit Daniel Craig).
MCDONALD'S BETREIBT HIER	3.279 Restaurants.

JAPAN: Das denkwürdige Spiel

1998 qualifizierte sich Japan erstmals für eine Fußballweltmeisterschaft. In Frankreich gingen jedoch alle drei Vorrundenspiele verloren. Nachdem sie sich vier Jahre später bei der WM im eigenen Land und in Südkorea zunächst 2:2 von Belgien getrennt hatten, errangen die *Samurai Blue* am 9. Juni 2002 in Yokohama den ersten japanischen Sieg der Weltmeisterschaftsgeschichte. Das 1:0 gegen Russland, erzielt von Junichi Inamoto, löste im ganzen Land eine regelrechte Fußballeuphorie aus. Die normalerweise zurückhaltenden Japaner feierten, als hätte ihr Team schon den Titel errungen. – Die Begeisterung trug die Mannschaft Japans noch zu einem weiteren Sieg gegen Tunesien und damit zum Gruppensieg. Im Achtelfinale war dann aber gegen die Türkei Endstation.

Japanische Tradition: Hanami, das Kirschblütenfest

JAPAN: Der Fußball

NAME DER OBERSTEN LIGA	J. League Division 1 (oder J1 League)
ANZAHL DER VEREINE IN DER OBERSTEN LIGA	18
REKORDMEISTER	Kashima Antlers
SPITZNAME DER NATIONALELF	Samurai Blue
WM-TEILNAHMEN	5 seit 1998
BESTES WM-ERGEBNIS	Achtelfinale 2002 und 2010
REKORDNATIONALSPIELER	Yasuhito Endō (139 Spiele seit 2002)

Apetaiza no tofu

TOFU-VORSPEISE

30 MINUTEN

- 2 SCHALEN KRESSE
- 4 EL WEISSWEIN
- 2 EL SAKE (REISWEIN)* ODER MIRIN (REISESSIG)*
- 2 TL HELLE ODER DUNKLE SOJASOSSE*
- 4 EL WASSER
- 2 TL ZUCKER
- 1 KNOBLAUCHZEHE
- 1 TL SALZ
- ½ TL PFEFFER
- 200 g TOFU*
- 3 EL ÖL (GESCHMACKS-NEUTRAL, z.B. SONNENBLUMEN- ODER RAPSÖL)
- 1 TL SÜSSER SENF
- 4 EL SCHLAGSAHNE

* Diese Zutaten erhalten Sie in asiatischen Lebensmittelläden, mittlerweile aber auch in gut sortierten Supermärkten. Siehe auch Bezugsquellen Seite 94.

1 Kresse mit einer Schere abschneiden, sehr fein hacken und auf vier kleine Teller verteilen.

2 Wein, Sake, Sojasoße, Wasser und Zucker in einem Glas verrühren.

3 Knoblauch schälen und fein hacken. Auf einem tiefen Teller mit Salz und Pfeffer vermischen.

4 Tofu in Würfel mit 2 cm Kantenlänge schneiden, zu dem Gewürzgemisch geben und vermengen.

5 Öl in einer Pfanne erhitzen, Tofuwürfel bei mittlerer Hitze von allen Seiten ca. 5 Minuten anbraten. Aus dem Öl nehmen und auf die Kresse verteilen. Pfanne wieder auf den Herd stellen. Die vorbereitete Würzsoße dazugeben und unter Rühren aufkochen. Vom Herd nehmen. Mit einem Schneebesen oder Kochlöffel Senf und Sahne unterrühren.

6 Die heiße Soße mit einem Löffel über dem Tofu verteilen und sofort servieren.

Kamerun

Löwen leben in Kamerun vor allem in den 14 Tierschutzgebieten des Landes

KAMERUN: Das denkwürdige Spiel

Die Kameruner Kicker machten ihrem Kampfnamen „Unbezähmbare Löwen“ alle Ehre, und ihr Star Roger Milla war der „König der Löwen“. Das galt für fast alle Spiele der Afrikaner während der Weltmeisterschaft 1990 in Italien, insbesondere für das Achtelfinale gegen Kolumbien. Nach Ende der regulären Spielzeit hatte es 0:0 gestanden. In der Verlängerung kam dann der große Auftritt des 38-jährigen Milla, den sein Regierungschef aus dem Ruhestand zurück ins Nationalteam beordert hatte. Mit seinen Turniertoren drei und vier brachte Milla Kamerun mit 2:0 in Front. Bei einem der Treffer nahm er dem schillernden kolumbianischen Schlussmann René Higuita bei einem seiner genauso spektakulären wie unnötigen Ausflüge aus dem eigenen Strafraum den Ball ab und schob ihn trocken ins Tor. – Bei der folgenden Partie gegen England sah es bis kurz vor Spielende aus, als könnten die Kameruner als erste afrikanische Mannschaft in ein WM-Halbfinale einziehen. Erst in der 83. Minute glich Gary Lineker die Kameruner 2:1-Führung per Elfmeter aus. Ein weiterer Lineker-Strafstoß in der Verlängerung bescherte den Afrikanern das späte Aus.

KAMERUN: Der Fußball

SPITZNAME DER NATIONALELF	Lions Indomptables (die unbezähmbaren Löwen)
WM-TEILNAHMEN	7 seit 1982
BESTES WM-ERGEBNIS	Viertelfinale 1990
REKORDNATIONALSPIELER	Rigobert Song (137 Spiele zwischen 1993 und 2010)

KAMERUN: Das Land

HAUPTSTADT	Yaoundé
EINWOHNERZAHL	21,7 Millionen
FLÄCHE IM VERGLEICH	etwa ein Drittel größer als Deutschland
ORTSZEIT IN YAOUNDÉ BEIM ANPFIFF DES ENDSPIELS	20:00 Uhr
SCHAUPLATZ BEI JAMES BOND	war Kamerun noch nie.
MCDONALD'S BETREIBT HIER	keine Restaurants.

Salade de lentilles

LINSENSALAT MIT FRISCHEN KRÄUTERN

30 MINUTEN

250 g LINSEN*

1½ l WASSER

2 EL GEMÜSEBRÜHE-PULVER (ODER 2 BRÜHWÜRFEL)

2 ZWIEBELN

1 KNOBLAUCHZEHE

1 ZITRONE

1 BUND PETERSILIE

4 ZWEIGE MINZE

1 TL KÜMMELPULVER

SALZ UND PFEFFER

4 EL OLIVENÖL

* Es eignen sich alle im Supermarkt angebotenen Linsensorten, die mit „Kochen ohne einzuweichen" gekennzeichnet sind. Sie unterscheiden sich je nach Art in ihren Garzeiten; achten Sie darauf, was dazu auf der Packung angegeben ist.

1 Linsen, Wasser und Brühe in einen Topf geben, aufkochen, Hitze reduzieren und so lange garen, wie auf der Packung angegeben. In ein Sieb gießen und abtropfen lassen.

2 In der Zwischenzeit Zwiebeln und Knoblauch schälen und fein hacken. Die Zitrone auspressen. Petersilie waschen, trockenschütteln und fein hacken. Minze waschen, trockenschütteln, die Blätter von den Zweigen pflücken und grob hacken.

3 Zitronensaft, Kräuter, Gewürze und Öl in einer Schüssel gut vermischen. Linsen unterheben. Mit Salz und Pfeffer nochmals abschmecken, 1 Stunde ziehen lassen und mit Brot servieren.

Kolumbien

KOLUMBIEN: Das denkwürdige Spiel

Bei der Weltmeisterschaft 1990 in Italien durfte Kolumbien im letzten Gruppenspiel gegen Deutschland nicht verlieren, wenn man die Chance auf das erstmalige Erreichen der zweiten Phase eines WM-Turniers nicht gefährden wollte. Als die Deutschen im Mailänder Giuseppe-Meazza-Stadion zwei Minuten vor Schluss durch Pierre Littbarski mit 1:0 in Führung gingen, schien der kolumbianische Traum zu platzen. Aber Freddy Rincon glich praktisch mit dem Abpfiff aus, und Kolumbien stand in der K.-o.-Runde (gelang danach bis heute nicht wieder). Im Achtelfinale war für die Südamerikaner dann aber die WM zu Ende – nach einem ebenfalls denkwürdigen Spiel (siehe Kamerun).

Tukan

KOLUMBIEN: Das Land

HAUPTSTADT	Bogotá
EINWOHNERZAHL	47,7 Millionen
FLÄCHE IM VERGLEICH	ungefähr 3-mal so groß wie Deutschland
STAATS- UND REGIERUNGSFORM	Präsidialrepublik
AMTSSPRACHE	Spanisch
ORTSZEIT IN BOGOTÁ BEIM ANPFIFF DES ENDSPIELS	14:00 Uhr
SPEKTAKULÄR	Der Tukan, im tropischen Mittel- und Südamerika zu Hause, bevölkert auch die kolumbianischen Regenwälder. Mit ihren charakteristischen Schnäbeln, stets bunt gefärbt und aufgrund eines ausgeklügelten Systems trotz ihrer enormen Größe sehr leicht, putzen sich die Spechtvögel gegenseitig, tragen zum Spaß Fechtkämpfe aus und werfen sich gegenseitig Beeren zu.
WAR SCHAUPLATZ BEI JAMES BOND IN	*Lizenz zum Töten* (1989, mit Timothy Dalton) – zumindest vielleicht, denn ein großer Teil der Handlung spielt in einem nicht genannten lateinamerikanischen Staat.
MCDONALD'S BETREIBT HIER	75 Restaurants.

KOLUMBIEN: Der Fußball

NAME DER OBERSTEN LIGA	Categoría Primera A
ANZAHL DER VEREINE IN DER OBERSTEN LIGA	18
REKORDMEISTER	Millonarios Fútbol Club
SPITZNAME DER NATIONALELF	La Cafeteros
WM-TEILNAHMEN	5 seit 1962
BESTES WM-ERGEBNIS	Achtelfinale 1990
REKORDNATIONALSPIELER	Carlos Valderrama (111 Spiele zwischen 1985 und 1998)

Kaffeebohnen im kolumbianischen Hochland

KOLUMBIEN: Die Küche

Kolumbien ist ein fruchtbares, traditionsreiches Land, was sich in seiner Küche widerspiegelt, die sehr deutlich indianische und spanische Einflüsse erkennen lässt. Geografie, Klima und Vegetation weisen große Unterschiede auf, so dass die Küche stark regional geprägt ist – auch wenn man heute natürlich in den Restaurants der großen Städte die typischen Gerichte aller *departamentos* des Landes kosten kann: die Fischspezialitäten der Küstenregionen, Bohnen- und Kartoffelgerichte aus dem Landesinnern, Ziegenfleisch aus den Anden. – Der gute Ruf der kolumbianischen Küche gründet sich weniger auf besonders raffinierte Rezepte als vielmehr auf die Frische und die Vielfalt ihrer Zutaten. Wie in allen lateinamerikanischen Ländern dienen Mais, Bohnen und Kartoffeln als Grundnahrungsmittel, die häufig auch miteinander kombiniert werden, zum Beispiel in nahrhaften Eintöpfen oder in gefüllten Teigtaschen aus Maismehl.

Seit Beginn des 19. Jahrhunderts wird in Kolumbien Kaffee angebaut. Heute gilt der Hochlandkaffee aus dem *departamento* Caldas als einer der besten der Welt und ist ein wichtiges Exportgut.

Kolumbien

Ajiaco di Bogotá

HUHN-KARTOFFEL-TOPF MIT KRÄUTERN AUS BOGOTÁ

90 MINUTEN

Für die Würzmischung

1 GROSSE ZWIEBEL

4 STÄNGEL FRISCHER KORIANDER

1 TL SALZ

1 TL SCHWARZER PFEFFER

1 CHILISCHOTE

Für den Eintopf

ca. 1 kg HÄHNCHENSCHENKEL

6 TASSEN WASSER

1 BRÜHWÜRFEL

1 GROSSE ZWIEBEL

2 LORBEERBLÄTTER

1 EL GETROCKNETER OREGANO

1 TL KREUZKÜMMEL

2 TL SALZ

3 STÄNGEL GLATTE PETERSILIE

2 EL GEHACKTE GLATTE PETERSILIE

8 STÄNGEL FRISCHER KORIANDER

8 KARTOFFELN

1 DOSE MAIS (ca. 300 g)

Zum Servieren

4 EL KAPERN

1 TASSE SAURE SAHNE

1 AVOCADO

1 Zuerst die Würzmischung bereiten: Die Zwiebel fein hacken, die Korianderblätter vom Stängel zupfen und fein hacken, die Chilischote ebenfalls fein hacken. Alles in einem Schüsselchen mit Salz und Pfeffer mischen und beiseite stellen.

2 Hähnchenschenkel waschen, Zwiebel schälen und vierteln. Beides mit dem Brühwürfel, den Lorbeerblättern, Oregano, Kreuzkümmel, Salz und den Stängeln glatter Petersilie in einen großen Topf geben. Mit dem Wasser bedecken und zum Kochen bringen. Hitze reduzieren, auf kleiner Flamme 30 Minuten köcheln lassen.

3 Zwischenzeitlich Kartoffeln schälen, waschen und in Würfel von ca. 2 cm Kantenlänge schneiden. Nach den 30 Minuten Kochzeit zu dem Huhn geben. 15 Minuten auf kleiner Flamme weiter kochen. 4 Stängel aus dem Bund Koriander und den Mais zugeben. Den restlichen Koriander von den Stängeln zupfen und hacken, beiseite stellen.

4 Nach weiteren 10 Minuten das Fleisch aus der Suppe nehmen und beiseite stellen. So viel Brühe abgießen, dass die Kartoffeln und der Mais noch knapp bedeckt sind. ⅓ der Kartoffeln aus der Suppe nehmen und in einer Schüssel mit einer Gabel zerdrücken.

5 Kartoffelmasse unter die Suppe rühren, sie muss schön sämig sein. Wenn sie zu dünn ist, nochmals einige Kartoffeln aus der Suppe nehmen, zerdrücken und dazugeben. Ist die Suppe zu dick, etwas von der abgeschöpften Brühe zugeben.

6 Suppe aufkochen, die gehackten Kräuter dazugeben, die Hähnchenschenkel in der Suppe nochmals aufwärmen.

7 Die Suppe in Teller füllen und in die Mitte je ¼ der Würzmischung geben. Mit Kapern, saurer Sahne und Avocadoscheiben servieren, wovon sich jeder in die Suppe rührt, so viel er mag.

Tipp In Kolumbien gehört in den Eintopf noch ein Bund des Gewürzkrauts *guasca* (*Galinsoga parviflora*, in Deutschland als Kleinblütiges Knopf- oder Franzosenkraut bekannt), das aber in Europa nur schwer zu kaufen ist. – Der Eintopf schmeckt auch am nächsten Tag lecker. Dazu am besten die Hähnchenschenkel in der Brühe im Kühlschrank kalt stellen. Die gehackten Kräuter erst kurz vorm Servieren dazugeben.

Kroatien

KROATIEN: Das Land

HAUPTSTADT	Zagreb
EINWOHNERZAHL	4,3 Millionen
FLÄCHE IM VERGLEICH	etwa doppelt so groß wie Sachsen
ORTSZEIT IN ZAGREB BEIM ANPFIFF DES ENDSPIELS	21:00 Uhr
WAR SCHAUPLATZ BEI JAMES BOND IN	*Liebesgrüße aus Moskau* (1963, mit Sean Connery).
MCDONALD'S BETREIBT HIER	20 Restaurants.

KROATIEN: Das denkwürdige Spiel

Erste Teilnahme an einer WM-Endrunde für das noch junge Land, Zweiter in der Vorrundengruppe hinter Argentinien, ein Erfolg über Rumänien im Achtelfinale und nun in der Runde der letzten 8 gegen Deutschland: In Kroatien war man schon bis hierhin stolz darauf, was die Nationalmannschaft bei der Weltmeisterschaft 1998 in Frankreich geschafft hatte. Deutschland begann die Begegnung überlegen, machte zunächst einen deutlich besseren Eindruck als in den vorangegangenen, durchweg enttäuschenden Partien. Doch dann wurde Christian Wörns kurz vor dem Halbzeitpfiff vom Platz gestellt. Das Spiel kippte von einem Augenblick auf den anderen. Noch in der Nachspielzeit der ersten Hälfte sorgte Robert Jarni für das kroatische 1:0, und nach der Pause führten Davor Suker & Co. die deutsche Mannschaft phasenweise regelrecht vor. 3:0 hieß es am Ende für Kroatien, das danach allerdings dem späteren Weltmeister Frankreich im Halbfinale 1:2 unterlag und letztlich mit einem Sieg über die Niederlande WM-Dritter wurde.

KROATIEN: Der Fußball

SPITZNAME DER NATIONALELF	Kockasti (die Karierten)
WM-TEILNAHMEN	4 seit 1998
BESTES WM-ERGEBNIS	dritter Platz 1998
REKORDNATIONALSPIELER	Darjo Srna (108 Spiele seit 2002)

Der Nationalpark Plitvička Jezera war einer der Drehorte für die Karl-May-Verfilmungen der 60er Jahre

Dalmatinska rožata

DALMATINISCHE KARAMELLCRÉME

1 STUNDE + MINDESTENS 4 STUNDEN RUHEZEIT

Für die Créme

500 ml MILCH

5 EIER

150 g ZUCKER

1 EL ROSENWASSER

1 PRISE SALZ

EINE KASTENKUCHENFORM (ca. 25 cm LANG)

BUTTER FÜR DIE FORM

Für das Karamell

100 g ZUCKER

2 TL WASSER

1 Den Backofen auf 180 Grad vorheizen. Die Fettpfanne des Ofens bis zum Rand mit Wasser füllen. Boden und Seitenwände der Kuchenform dünn mit Butter ausstreichen.

2 Milch mit dem Zucker aufkochen, vom Herd nehmen und etwas abkühlen lassen.

3 Die Eier schaumig schlagen. Nach und nach die Milch und das Rosenwasser unterrühren, mit einer Prise Salz würzen. Beiseite stellen.

4 In einer Pfanne den Zucker und das Wasser zu Karamell rühren. Sobald er flüssig und hellbraun ist, vom Ofen nehmen und sofort in die Kuchenform gießen, so dass der Boden gleichmäßig bedeckt ist.

5 Die Milchmischung hineingießen, Kuchenform in die Fettpfanne stellen und 45 Minuten stocken lassen. Sollte die Oberfläche zu braun werden, die Form bis zum Ende der Backzeit mit einen Bogen Butterbrotpapier abdecken.

6 Die fertige Créme auskühlen und mindestens 4 Stunden ruhen lassen, am besten im Kühlschrank. Zum Servieren auf eine Platte stürzen.

Tipp Mit Rosenwasser werden viele Speisen auf dem Balkan und in der arabischen Küche aromatisiert. In Deutschland ist es in der Apotheke erhältlich.

Mexiko

MEXIKO: Das Land

HAUPTSTADT	Mexiko-City
EINWOHNERZAHL	120,8 Millionen
FLÄCHE IM VERGLEICH	über 5-mal größer als Deutschland
ORTSZEIT IN MEXIKO-CITY BEIM ANPFIFF DES ENDSPIELS	14:00 Uhr
SCHAUPLATZ BEI JAMES BOND	war Mexiko noch nie.
MCDONALD'S BETREIBT HIER	402 Restaurants.

Stufenpyramide in der Maya-Ruinenstätte Chichén Itzá

MEXIKO: Der Fußball

SPITZNAME DER NATIONALELF	El Tri
WM-TEILNAHMEN	15 seit 1930
BESTES WM-ERGEBNIS	Viertelfinale 1970 und 1986
REKORDNATIONALSPIELER	Claudio Suárez (178 Spiele zwischen 1992 und 2006)

MEXIKO: Das denkwürdige Spiel

Mit nun 15 Teilnahmen ist Mexiko einer der Dauergäste bei WM-Endrunden. Aber nur zweimal reichte es zum Viertelfinale – bei den beiden Weltmeisterschaften im eigenen Land 1970 und 1986. Während man 1970 beim 1:4 gegen Italien chancenlos war, sah Mexiko 1986 gegen Deutschland spätestens von der 65. Minute an wie der kommende Sieger und damit Halbfinalist aus. Thomas Berthold kassierte zu diesem Zeitpunkt eine rote Karte, und Mexiko war vor 42.000 frenetisch mitgehenden Zuschauern im Stadion Universitario in Monterrey die zunehmend überlegene Mannschaft. Doch die Mexikaner um ihr bei Real Madrid unter Vertrag stehendes Idol Hugo Sanchez versäumten, ihr Übergewicht in Tore umzumünzen. In der Verlängerung sorgte zunächst der Platzverweis von Javier Aguirre für rundum ausgeglichene Verhältnisse, und dann fand im Elfmeterschießen bei den Mexikanern nur der Ball von Manuel Negrete den Weg ins Tor. Zu wenig gegen ein vom Strafstoßpunkt gewohnt sicheres deutsches Team, das am Ende 4:1 gewann.

Nachos con guacamole y salsa de chile

NACHOS MIT AVOCADO- UND CHILI-DIP

30 MIN

2 TÜTEN NACHOS

AVOCADO-DIP (GUACAMOLE)

3 AVOCADO

4 MITTELGROSSE TOMATEN

1 ROTE ZWIEBEL

½ LIMETTE

1 EL OLIVENÖL

SALZ, PFEFFER

1 BUND KORIANDER

1 Tomaten waschen, Stielansatz herausschneiden, Kerne und Saft mit einem Teelöffel entfernen und das Fruchtfleisch ganz fein würfeln.

2 Avocado halbieren, den Kern entfernen (aber aufheben, siehe Punkt 4), das Fruchtfleisch von der Schale trennen und ebenfalls fein würfeln.

3 Zwiebel schälen und sehr fein hacken. Limette auspressen. Koriander waschen, trockenschütteln, die Blättchen vom Stiel zupfen und hacken.

4 Tomaten- und Avocadowürfel in einer Schüssel gut mit den übrigen Zutaten vermengen und pikant abschmecken. Wenn Sie die Guacamole nicht sofort servieren, stecken Sie den Kern in den Dip, dann verfärbt er sich nicht bräunlich.

Tipp Verwenden Sie für die Guacamole am besten reife Avocados mit dicker dunkler Schale. Beide Soßen schmecken auch gut zu gegrilltem oder kurz gebratenem Fleisch.

CHILI-DIP

3 CHILI-SCHOTEN

1 DOSE TOMATEN IN STÜCKEN (ca. 400 g)

1 ROTE ZWIEBEL

2 EL ÖL

4 ZWEIGE GLATTE PETERSILIE

1 EL WEINESSIG

¼ TL ZUCKER

¼ TL SCHWARZER PFEFFER

1 TL SALZ

1 Die Chili-Schoten halbieren, die Stielansätze und Innenwände entfernen, in feine Streifen schneiden und in eine Schüssel geben. (Durch Verringerung der Chili-Schoten-Anzahl kann der Soße Schärfe genommen werden).

2 Tomaten abgießen und nur das Fruchtfleisch zu den Chilischoten geben.

3 Alle weiteren Zutaten dazugeben, vorsichtig verrühren und gegebenenfalls noch etwas nachsalzen.

Niederlande

Rijksmuseum in Amsterdam

NIEDERLANDE: Das denkwürdige Spiel

1974 im Endspiel als über weite Strecken bessere Mannschaft den Deutschen unterlegen, 1978 und 2010 im Finale in der Verlängerung gegen Argentinien bzw. Spanien verloren, 1998 im Elfmeterschießen des Halbfinals gegen Brasilien den Kürzeren gezogen – für die Niederlande hat es bei Weltmeisterschaften nie ganz gereicht. Viel besser lief es 1988 bei der Fußballeuropameisterschaft in Deutschland. Das mit Weltstars wie Ruud Gullit, Frank Rijkaard und Marco van Basten gespickte Team gewann das Finale mit 2:0 gegen die damalige Sowjetunion. Van Basten erzielte dabei das wohl spektakulärste Tor der EM-Geschichte, als er einen weiten Flankenball fast an der Grundlinie stehend, also aus dem sprichwörtlich unmöglichen Winkel, volley ins Tor hämmerte.

NIEDERLANDE: Das Land

HAUPTSTADT	Amsterdam
EINWOHNERZAHL	16,8 Millionen
FLÄCHE IM VERGLEICH	ungefähr doppelt so groß wie Hessen
STAATS- UND REGIERUNGSFORM	Parlamentarische Monarchie
AMTSSPRACHEN	Niederländisch, Friesisch
ORTSZEIT IN AMSTERDAM BEIM ANPFIFF DES ENDSPIELS	21:00 Uhr
SPEKTAKULÄR	Das Rijksmuseum in Amsterdam gilt als eines der renommiertesten Kunstmuseen der Welt. Besonders die große Sammlung der Malerei des Goldenen Zeitalters der Niederlande mit Werken von Rembrandt, Hals, Vermeer, van de Velde und vielen anderen Vertretern dieser Epoche zieht jährlich fast eine Million Besucher an.
WAR SCHAUPLATZ BEI JAMES BOND IN	*Diamantenfieber* (1971, mit Sean Connery).
MCDONALD'S BETREIBT HIER	231 Restaurants.

NIEDERLANDE: Der Fußball

NAME DER OBERSTEN LIGA	Eredivisie
ANZAHL DER VEREINE IN DER OBERSTEN LIGA	18
REKORDMEISTER	Ajax Amsterdam
SPITZNAME DER NATIONALELF	Elftal (Mannschaft)
WM-TEILNAHMEN	10 seit 1934
BESTES WM-ERGEBNIS	zweiter Platz 1974, 1978, 2010
REKORDNATIONALSPIELER	Edwin van der Sar (130 Spiele zwischen 1995 und 2008)

NIEDERLANDE: Die Küche

Das Markenzeichen der niederländischen Küche schlechthin ist sicherlich der Matjes – junger, vor der Geschlechtsreife gefangener Hering, eingelegt in eine Salzlake, die ihn mild und zart macht. Der Verbrauch unserer Nachbarn wird auf 85 Millionen Doppelfilets pro Jahr geschätzt. Ansonsten bietet die holländische Küche vorwiegend deftige und einfache Gerichte, meist auf der Basis von Milch, Käse und Fisch. Einflüsse aus den ehemaligen Kolonialgebieten in Übersee (Indonesien z.B. stand vom 17. Jahrhundert bis 1949 unter niederländischer Herrschaft) verliehen ihr aber auch eine exotische Note und bringen Abwechslung zu Matjes, Gouda und Poffertjes. Eines der traditionellsten Gerichte – Öcher Eäzekomp – stammt ursprünglich aus Deutschland: Es ist die gute alte Aachener Erbsensuppe.

Niederlande

Twee soort tataar van Hollandse Nieuwe Matjes

ZWEI SORTEN TATAR VOM HOLLÄNDISCHEN MATJES

30 MINUTEN (+ ½ STUNDE ZUM DURCHZIEHEN)

MATJESTATAR MIT APFEL UND INGWER

4 MATJESFILETS (bzw. 2 PACKUNGEN à 125 g)

1 GROSSER KNACKIGER, SÄUERLICHER APFEL (z.B. ELSTAR)

½ BUND SCHNITTLAUCH

2 TL ZITRONENSAFT

1 STÜCK FRISCHER INGWER (ca. 2 cm)

1 TL HONIG

½ TL SCHWARZER PFEFFER

1 TL GERIEBENER MEERRETTICH AUS DEM GLAS

3 TL OLIVENÖL

2 TL KALTES WASSER

SALZ

4 QUADRATISCHE ODER 6 LÄNGLICHE SCHEIBEN VOLLKORNBROT

PETERSILIE ZUM GARNIEREN

1 Die Matjesfilets fein hacken (bei Verwendung von tafelfertig verpacktem Matjes den Fisch vorher gut abtropfen lassen).

2 Den Apfel waschen und vierteln. Viertel schälen, die Kerngehäuse entfernen und das Fruchtfleisch in ganz kleine Würfel schneiden.

3 Den Schnittlauch waschen, abtrocknen und fein hacken. Den Ingwer schälen und mit einer feinen Küchenreibe in eine kleine Schüssel reiben, in der später das Dressing angerührt wird (die Menge sollte ca. 1 TL entsprechen).

4 Heringe, Apfelwürfel und Schnittlauch in einer anderen Schüssel miteinander vermengen.

5 Aus Ingwer, Honig, dem Zitronensaft, Pfeffer, Meerrettich, Öl und Wasser ein Dressing rühren und über die Heringsmischung geben. Eine halbe Stunde ziehen lassen, dann nochmals abschmecken und nach Belieben salzen.

6 Quadratische Vollkornbrotscheiben halbieren, längliche dritteln. Mit dem Tatar belegen, mit Petersilie garnieren und servieren.

MATJESTATAR MIT EI

4 MATJESFILETS
(bzw. 2 PACKUNGEN à 125 g)

2 HARTGEKOCHTE EIER

½ BUND PETERSILIE

3 TL MAYONNAISE

SALZ

1 TL SCHWARZER PFEFFER

4 QUADRATISCHE ODER
6 LÄNGLICHE SCHEIBEN
VOLLKORNBROT

PETERSILIE ZUM GARNIEREN

1 Die Eier pellen und in sehr kleine Würfel schneiden.

2 Von der Petersilie einige Blätter für die spätere Garnitur beiseite legen. Den Rest fein hacken.

3 Die Matjesfilets ebenfalls fein hacken (bei Verwendung von tafelfertig verpacktem Matjes den Fisch vorher gut abtropfen lassen).

4 Alle Zutaten in einer Schüssel miteinander vermengen, mit Salz und Pfeffer abschmecken. Eine halbe Stunde ziehen lassen und nochmals abschmecken.

5 Quadratische Vollkornbrotscheiben halbieren, längliche dritteln. Mit dem Tatar belegen, mit Petersilie garnieren und servieren.

Nigeria

NIGERIA: Das denkwürdige Spiel

Ein Tor in der 90. Minute des Finales brachte Afrika den ersten Titel bei einem großen interkontinentalen Fußballturnier. Durch das von Emmanuel Amuneke erzielte 3:2 im Endspiel gegen Argentinien gewann Nigeria die Goldmedaille bei den Olympischen Spielen 1996 in Atlanta. Die Afrikaner hatten in einer gutklassigen Partie einen 0:1- und einen 1:2-Rückstand in einen Sieg verwandelt. Für den afrikanischen Kontinent war dieser Erfolg ein Beleg dafür, im Konzert der Großen mitspielen zu können. Jahrzehntelang waren afrikanische Nationalteams als Exoten belächelt worden, erst seit 1970 hatte ihnen überhaupt ein fester WM-Startplatz zugestanden. Der Olympiasieg Nigerias trug entscheidend dazu bei, dass Afrika seit 1998 fünf Mannschaften zu Fußballweltmeisterschaften entsenden darf. Der Titelgewinn kam übrigens keineswegs gegen zweitklassige Teams zustande. Zwar traten die Europäer tatsächlich nicht mit ihren besten Spielern an, aber im Kader Brasiliens standen Weltstars wie Ronaldo, Roberto Carlos, Rivaldo und Bebeto. Und Argentinien hatte unter anderem Hernán Crespo, Ariel Ortega und Roberto Ayala dabei.

Der 300 Meter hohe Zuma Rock, Wahrzeichen Nigerias

NIGERIA: Der Fußball

SPITZNAME DER NATIONALELF	Super Eagles
WM-TEILNAHMEN	5 seit 1994
BESTES WM-ERGEBNIS	Achtelfinale 1994 und 1998
REKORDNATIONALSPIELER	Joseph Yobo (95 Spiele seit 2001)

NIGERIA: Das Land

HAUPTSTADT	Abuja (Hauptstadt bis 1991 war Lagos)
EINWOHNERZAHL	168,8 Millionen
FLÄCHE IM VERGLEICH	mehr als doppelt so groß wie Deutschland
ORTSZEIT IN ABUJA BEIM ANPFIFF DES ENDSPIELS	20:00 Uhr
SCHAUPLATZ BEI JAMES BOND	war Nigeria noch nie.
MCDONALD'S BETREIBT HIER	keine Restaurants.

Nigerian Pepper Soup

NIGERIANISCHE PFEFFERSUPPE

1 STUNDE

Für die Gewürzmischung

1 TL KORIANDERSAAT

1 TL KREUZKÜMMEL

½ TL MUSKATNUSS

2 NELKEN

1 TL FENCHEL

1 TL SENFKÖRNER (ODER 1 EL KÖRNIGER SÜSSER SENF)

1 TL SALZ

Für die Suppe

200 g ZUCKERSCHOTEN

2 MITTELGROSSE ZWIEBELN

3 KNOBLAUCHZEHEN

3 CHILISCHOTEN

2 GROSSE TOMATEN

4 EL FRISCHES KOKOSFLEISCH*

1 BUND PETERSILIE

½ ZITRONE

1 BRÜHWÜRFEL

2 EL ÖL (GESCHMACKSNEUTRAL, z.B. SONNENBLUMEN- ODER RAPSÖL)

SALZ, PFEFFER

* Frisches Kokosfleisch gibt es in vielen Supermärkten zu kaufen (als ganze Kokosnuss oder – in mundgerechte Stücke geschnitten – im Kühlregal der Obstabteilung). Falls Sie kein frisches bekommen können, nehmen Sie Kokosraspeln aus dem Backzutatenregal.

1 Für die Gewürzmischung alle Zutaten in einem Mörser oder mit der Küchenmaschine fein zerkleinern (wenn süßer Senf verwendet wird, diesen später direkt in die Suppe geben).

2 Zuckerschoten waschen. Zwiebel schälen und fein hacken. Knoblauch schälen und durch eine Knoblauchpresse geben bzw. ebenfalls fein hacken. Chilischoten halbieren, die Kerne entfernen, in feine Ringe schneiden. Tomate waschen, abtrocknen und fein würfeln. Frisches Kokosfleisch raspeln. Petersilie waschen, trockenschütteln und fein hacken. Zitrone auspressen.

3 500 ml Wasser mit dem Brühwürfel in einem Topf aufkochen, die Zuckerschoten dazugeben, Hitze reduzieren und in ca. 10 Minuten bissfest garen.

4 Kurz vor Ende der Garzeit Öl in einem anderen Topf erhitzen, Zwiebeln darin glasig dünsten. Knoblauch und gemörserte Gewürze dazugeben. Kurz andünsten, dann die Zuckerschoten-Kochflüssigkeit angießen. Auf mittlerer Flamme 5 Minuten köcheln.

5 Tomaten und Kokosraspeln dazugeben und ca. 5 Minuten weiter dünsten. Zuletzt Chili, Zuckerschoten und Zitronensaft zugeben und nochmals 2–3 Minuten köcheln lassen. Mit Salz und Pfeffer abschmecken.

6 Heiß mit Fladen- oder anderem Weißbrot servieren.

Portugal

PORTUGAL: Das denkwürdige Spiel

Natürlich war man gewarnt gewesen und natürlich hatte man den Gegner nicht unterschätzt. Keine Spur. Schließlich hatte Nordkorea mit Italien einen zweifachen Weltmeister aus dem Turnier geworfen. Und trotzdem führten die unerschrockenen Asiaten im Liverpooler Goodison Park im Viertelfinale der Weltmeisterschaft von 1966 nach nur 25 Minuten sensationell mit 3:0 gegen Portugal. Doch dann drehte der Star der Weltmeisterschaft in England, Portugals Ballzauberer Eusebio, das Match mit vier Toren (darunter zwei Elfmeter) bis zur 59. Minute ganz allein. Augusto erhöhte später noch zum 5:3-Endstand. – Portugal, im anschließenden Halbfinale den englischen WM-Gastgebern unterlegen, sicherte sich letztlich Platz 3, und Eusebio wurde mit insgesamt neun Treffern WM-Torschützenkönig.

PORTUGAL: Der Fußball

SPITZNAME DER NATIONALELF	Seleção (die Auswahl)
WM-TEILNAHMEN	6 seit 1966
BESTES WM-ERGEBNIS	dritter Platz 1966
REKORDNATIONALSPIELER	Luís Figo (127 Spiele zwischen 1991 und 2006)

Die Algarve-Küste im Süden Portugals

PORTUGAL: Das Land

HAUPTSTADT	Lissabon
EINWOHNERZAHL	10,5 Millionen
FLÄCHE IM VERGLEICH	ungefähr doppelt so groß wie Niedersachsen
ORTSZEIT IN LISSABON BEIM ANPFIFF DES ENDSPIELS	20:00 Uhr
WAR SCHAUPLATZ BEI JAMES BOND IN	*Im Geheimdienst Ihrer Majestät* (1969, mit George Lazenby).
MCDONALD'S BETREIBT HIER	138 Restaurants.

Frango grelhado com lima

HÄHNCHEN VOM GRILL MIT LIMETTEN-DRESSING

30 MINUTEN (+ 2 STUNDEN MARINIERZEIT)

Für das Fleisch

- 4 HÄHNCHENBRUSTFILETS
- 2 LIMETTEN
- 4 ZWEIGE ROSMARIN
- GITTERHALTER (WIE MAN IHN ZUM FISCHGRILLEN BENUTZT; GIBT ES IM SUPERMARKT)

Für das Dressing

- 1 GROSSE ROTE ZWIEBEL (ODER 3 KLEINE)
- 4 EL OLIVENÖL
- 125 ml WEISSWEINESSIG
- 4 ZWEIGE FRISCHE MINZE
- 4 KNOBLAUCHZEHEN
- 6 ZWEIGE FRISCHEN ROSMARIN
- 1 LIMETTE
- 1 FRISCHE ROTE CHILI-SCHOTE (ODER ½ TL CHILI-PULVER)
- SALZ, SCHWARZER PFEFFER
- FRISCHES WEISSBROT

1 Spätestens zwei Stunden, bevor sie gegrillt werden sollen, Hähnchenbrustfilets waschen, trockentupfen, mit Salz und Pfeffer kräftig würzen. Sollten sie sehr dick sein, noch einmal der Länge nach teilen. In ein verschließbares Gefäß legen. Limetten heiß abwaschen, abtrocknen und in Scheiben schneiden. Rosmarin waschen und trockenschütteln. Beides auf das Fleisch legen, Gefäß verschließen und für mindestens 2 Stunden in den Kühlschrank stellen.

2 Den Grill anwerfen (Holzkohle, Backofen, Mikrowelle … Sollte kein Grill vorhanden sein, kann das Fleisch auch in einer Pfanne gebraten werden). Während die Kohle durchbrennt, Zwiebeln schälen, in feine Ringe schneiden. Minze und Rosmarin waschen und trockenschütteln. Minzblätter von den Zweigen pflücken und grob hacken. Knoblauch schälen und so fein würfeln wie möglich. Die Limette unter heißem Wasser abwaschen. Die Schale abreiben und den Saft auspressen. Die Chili-Schote waschen und ganz fein hacken.

3 1 EL Olivenöl in einer Pfanne erhitzen, die Zwiebeln darin 3–4 Minuten weich dünsten (nicht braun werden lassen!). Essig zugeben, aufkochen, Hitze reduzieren und 5 Minuten köcheln. Hitze reduzieren, Minze, Rosmarin, Knoblauch, Limettensaft und -schale und Chili zugeben, mit Salz und Pfeffer nach Geschmack würzen. 1 Minute kochen, dann vom Herd nehmen.

4 Die Hähnchenbrustfilets aus dem Kühlschrank nehmen. Mit den Limettenscheiben und dem Rosmarin in den Gitterhalter legen, sofern ein offener Grill verwendet wird. Ansonsten mit Limette und Rosmarin auf Alufolie und diese auf den Grillrost im Ofen oder in die Mikrowelle legen. Bei mittlerer Hitze von beiden Seiten grillen. Wird eine Pfanne verwendet, Olivenöl darin erhitzen und das Fleisch gemeinsam mit den Limettenscheiben und dem Rosmarin bei mittlerer Hitze braten.

5 Auf einer Platte anrichten, mit dem Dressing beträufeln und mit frischem Weißbrot servieren.

Russland

RUSSLAND: Das denkwürdige Spiel

Es ging praktisch nur noch um die Goldene Ananas, und doch passierte etwas Außergewöhnliches, als bei der WM 1994 Russland und Kamerun in San Francisco zu ihrem letzten Gruppenspiel antraten. Vor allem die Russen hatten bis dahin enttäuscht, ihre Partien gegen Brasilien und Schweden mit 0:2 bzw. 1:3 verloren und waren damit bereits aus dem Turnier ausgeschieden. Trotzdem nahmen sie die Abschlussbegegnung ernst, was vor allem für den Spieler mit der Rückennummer 9, Oleg Salenko, galt. Er erzielte beim 6:1 der Russen deren erste fünf Tore. Genau das – fünf Treffer in einem Match – hatte bei einer Weltmeisterschaft noch kein Spieler geschafft, und es ist seitdem auch niemandem wieder gelungen.

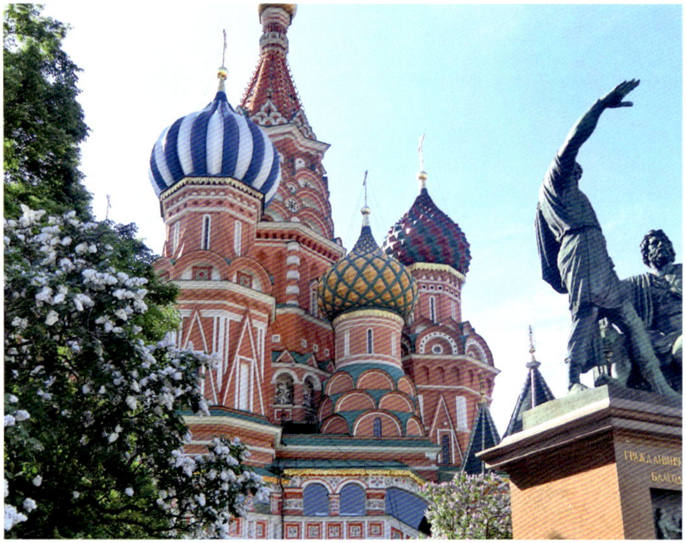

Basilius-Kathedrale

RUSSLAND: Das Land

HAUPTSTADT	Moskau
EINWOHNERZAHL	143,5 Millionen
FLÄCHE IM VERGLEICH	fast 1.000-mal so groß wie Sachsen
STAATS- UND REGIERUNGSFORM	Föderale Republik
AMTSSPRACHE	Russisch
ORTSZEIT IN MOSKAU BEIM ANPFIFF DES ENDSPIELS	23:00 Uhr
SPEKTAKULÄR	Der Moskauer Rote Platz, UNESCO-Kulturerbe und weltberühmt, wird an seiner Südseite von der Basilius-Kathedrale begrenzt. Sie bildet mit den anderen Bauwerken, die den Platz umgeben – dem Kreml, dem Lenin-Mausoleum, dem Warenhaus GUM, dem Auferstehungstor, der Kasaner Kathedrale – ein unvergleichliches architektonisches Ensemble, das besonders durch seine Farben beeindruckt.
WAR SCHAUPLATZ BEI JAMES BOND IN	*Der Spion, der mich liebte* (1977, mit Roger Moore), *Im Angesicht des Todes* (1985, mit Roger Moore), *Goldeneye* (1995, mit Pierce Brosnan) – die beiden ersten Filme spielten noch in der Sowjetunion.
MCDONALD'S BETREIBT HIER	356 Restaurants.

RUSSLAND: Der Fußball

NAME DER OBERSTEN LIGA	Premjer-Liga
ANZAHL DER VEREINE IN DER OBERSTEN LIGA	16
REKORDMEISTER	Spartak Moskau
SPITZNAME DER NATIONALELF	Sbornaja (die Auswahl)
WM-TEILNAHMEN	3 seit 1994
BESTES WM-ERGEBNIS	Gruppenphase 1994 und 2002 (und 1966 der vierte Platz – aber noch als Sowjetunion)
REKORDNATIONALSPIELER	Wiktor Onopko (109 Spiele zwischen 1992 und 2004)

RUSSLAND: Die Küche

Die russische Gastfreundschaft ist sprichwörtlich. Kommen Freunde oder Verwandte zu Besuch, ist der Tisch immer reich gedeckt, meist mit deftigen Speisen, verschiedenen Teigwaren und natürlich Wodka. – Das Haltbarmachen von Lebensmitteln war von jeher wichtig, um Vorräte für die langen und harten Winter zu haben. Noch heute erfreuen sich daher eingelegte Pilze und Gemüse größter Beliebtheit. Man serviert sie als *sakuski*, Vorspeisen, sie sind aber auch Zutaten vieler bekannter Gerichte der russischen Küche, wie z.B. der *soljanka* (Suppe mit eingelegten Gurken) oder dem *schtschi* (Eintopf mit Sauerkraut). Tee ist ein wahres Nationalgetränk, er wird oft noch im Samowar zubereitet und mit Gebäck, Fruchtgelee oder gezuckerter Kondensmilch serviert.

Russland

Govjadina po stroganovski

RINDFLEISCHGESCHNETZELTES NACH STROGANOFF-ART

1 STUNDE

- 8 SCHEIBEN RINDERFILET (1–2 cm DICK)
- 4 EL BUTTER
- 1 GROSSE ZWIEBEL
- 250 g FRISCHE CHAMPIGNONS
- 2 TASSEN FLEISCH- ODER GEMÜSEBRÜHE
- 2 EL SAURE SAHNE
- 2 EL WEINBRAND ODER SHERRY
- 4 TL SENF (MÖGLICHST SCHARF)
- 4 TL MEHL
- ½ BUND GLATTE PETERSILIE
- ½ BUND DILL
- SALZ, SCHWARZER PFEFFER
- 4 DICKE SCHEIBEN KRÄFTIGES BROT

1 Fleischscheiben waschen, trockentupfen, zwischen zwei Lagen Frischhaltefolie legen und mit der glatten Seite des Fleischklopfers, einem Kartoffelstampfer oder einem anderen geeigneten Gegenstand (z.B. mit einem vorher abgewaschenen Flaschenboden) flach klopfen. Dann in ca. 2 cm breite Streifen schneiden, salzen und pfeffern.

2 Zwiebel schälen, halbieren und in dünne Scheiben schneiden. Champignons putzen, in Scheiben schneiden. Petersilie waschen, die Blätter abzupfen und ebenso wie den gewaschenen Dill hacken. Saure Sahne in einer Tasse mit Senf, Weinbrand und Mehl verrühren.

3 2 EL Butter bei mittlerer Hitze in einer Pfanne schmelzen, dann auf große Hitze stellen und das Fleisch zugeben. Unter Rühren von allen Seiten bräunen (ca. 3 Minuten). Vom Herd nehmen und beiseite stellen.

4 Restliche Butter in einer anderen Pfanne bei mittlerer Hitze schmelzen, Zwiebel hinzufügen, dünsten, bis sie glasig wird. Die Pilze dazugeben und 8 bis 10 Minuten dünsten.

5 Brühe angießen, aufkochen, die Sahnemischung unterrühren und alles nochmals aufkochen. Hitze reduzieren, Fleisch dazugeben und in der Soße erwärmen. Das Geschnetzelte mit Salz und Pfeffer abschmecken, Petersilie und Dill unterrühren. Mit Schwarzbrot oder Bratkartoffeln servieren.

Tipp Schmeckt auch gut mit Kümmel-Bratkartoffeln: Pellkartoffeln in Scheiben schneiden, in einer antihaft-beschichteten Pfanne mit etwas Butter auf mittlerer Hitze bräunen, mit Salz und nicht zu wenig Kümmel würzen.

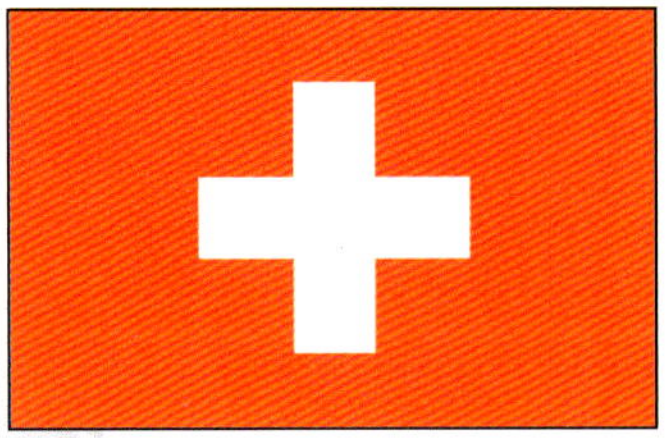

Schweiz

SCHWEIZ: Das denkwürdige Spiel

„Ich glaube, ich träume", sagte Robert Ballaman zu seinem Schweizer Sturmkollegen Roger Vonlanthen, als sich beide nach knapp 20 Minuten des Viertelfinals der WM 1954 am Anstoßkreis aufstellten. Soeben war der Gastgeber Schweiz mit 3:0 gegen die favorisierten Österreicher in Führung gegangen; die Tore fielen innerhalb von drei Minuten. Dazu beigetragen hatte, dass der österreichische Torwart Schmied bei 40 °C im Stadion La Pontaise von Lausanne bereits in der Anfangsphase einen Sonnenstich erlitt und daraufhin nicht mehr besonders leistungsfähig war. Auswechslungen aber waren damals noch nicht erlaubt. – Ab Mitte der ersten Hälfte drehten die Österreicher das Spiel und gingen 5:3 in Führung. Das Geschehen in dem hochklassigen und dramatischen Match wogte hin und her. Die Schweizer kamen durch das 4:5 und das 5:6 immer wieder heran, aber letztlich siegte Österreich mit 7:5. Nie zuvor und nie danach hat es bei einer Begegnung einer WM-Endrunde zwölf Tore in der regulären Spielzeit gegeben.

SCHWEIZ: Der Fußball

SPITZNAME DER NATIONALELF	Nati
WM-TEILNAHMEN	10 seit 1934
BESTES WM-ERGEBNIS	Viertelfinale 1934, 1938 und 1954
REKORDNATIONALSPIELER	Heinz Hermann (118 Spiele zwischen 1978 und 1991)

SCHWEIZ: Das Land

HAUPTSTADT	Bern
EINWOHNERZAHL	8 Millionen
FLÄCHE IM VERGLEICH	ungefähr doppelt so groß wie Sachsen-Anhalt
AMTSSPRACHEN	Deutsch, Französisch, Italienisch, Rätoromanisch
ORTSZEIT IN BERN BEIM ANPFIFF DES ENDSPIELS	21:00 Uhr
SPEKTAKULÄR	Eiger (3.970), Mönch (4.107 m) und Jungfrau (4.158 m) bilden eine markante Dreiergruppe in den Berner Alpen. Während die Jungfrau seit 2001 zum UNESCO-Weltnaturerbe gehört, wurde der Eiger durch dramatische Versuche, seine steile Nordwand zu besteigen, weltberühmt.
WAR SCHAUPLATZ BEI JAMES BOND IN	*Goldfinger* (1964, mit Sean Connery) und *Im Geheimdienst Ihrer Majestät* (1969, mit George Lazenby).
MCDONALD'S BETREIBT HIER	153 Lokale.

1 STUNDE

Für die Würzmischung

50 g MANDELSCHEIBEN

2 KNOBLAUCHZEHEN

2 EL SEMMELBRÖSEL

2 EL GEHACKTE PETERSILIE

1 TL SALZ

½ TL PFEFFER

3 EL OLIVENÖL

Für den Eintopf

5 MITTELGROSSE KARTOFFELN

1 DOSE TOMATEN IN STÜCKEN (ca. 400 g)

1 GROSSE ZWIEBEL

⅛ l OLIVENÖL

500 ml FISCHFOND*

1 BRÜHWÜRFEL

1 kg SEEFISCHFILET (z.B. ROTBARSCH, SEELACHS, KABELJAU)

8 KÜCHENFERTIGE RIESENGARNELEN (FRISCH ODER TIEFKÜHLWARE)

SALZ, PFEFFER

* Gibt es im Supermarkt, meist in der Nähe der Delikatess-Suppen. Ist kein Fischfond zur Hand, kann auch Gemüse- oder eine andere Instantbrühe verwendet werden.

Suquet de peix

KATALANISCHER FISCHEINTOPF

1 Zunächst die Würzmischung zubereiten: Den Knoblauch schälen und fein hacken. Die Mandeln in einer kleinen Pfanne bei mittlerer Hitze unter ständigem Rühren rösten, bis sie hellbraun sind. Das Olivenöl in einer anderen Pfanne erhitzen, Knoblauch, Semmelbrösel, Petersilie, Salz, Pfeffer und die Mandeln dazugeben und 2 bis 3 Minuten auf mittlerer Flamme dünsten. Beiseite stellen.

2 Kartoffeln schälen und in Würfel von ca. 1 cm Kantenlänge schneiden. Zwiebel schälen und fein würfeln. Fisch und Garnelen waschen und trockentupfen, Fisch in mundgerechte Stücke schneiden.

3 Das Olivenöl erhitzen, Zwiebeln zugeben und 3 Minuten auf mittlerer Flamme dünsten. Inhalt der Dose Tomaten zugeben, weitere 4 Minuten köcheln. Den Fischfond, den Brühwürfel und die Würzmischung zugeben. Kartoffeln in die Soße geben, aufkochen und auf kleiner Flamme halb gar kochen (ca. 12 Minuten).

4 Fischfilet dazugeben. Weitere 5 Minuten auf kleiner Flamme köcheln, dann die Garnelen in den Eintopf geben und noch einmal 5 Minuten köcheln. Mit Salz und Pfeffer abschmecken.

5 In einer großen Schüssel und mit reichlich Weißbrot auf den Tisch bringen.

Südkorea

SÜDKOREA: Das denkwürdige Spiel

Aus Italien gab es hinterher recht massive Vorwürfe gegen den ecuadorianischen Schiedsrichter Moreno, der im Achtelfinale der WM 2002 den *Azzurri*-Star Francesco Totti zur Mitte der Verlängerung vom Platz gestellt und über einige knifflige Strafraum- und Abseitssituationen zu entscheiden hatte. Aber letztlich war es alles andere als unverdient gewesen, dass die aufopferungsvoll kämpfenden WM-Co-Gastgeber aus Südkorea den dreimaligen Weltmeister aus dem Turnier beförderten. Zwei Minuten vor dem Ende der regulären Spielzeit hatte Seol die italienische Führung ausgeglichen. Im ganzen Land gab es kein Halten mehr, als Jung Hwan Ahn in der vorletzten Minute der Verlängerung zum 2:1 einschoss. – Noch etwas länger brauchten die Südkoreaner vier Tage später im Viertelfinale gegen Spanien. Sie gewannen im Elfmeterschießen. Erst im Halbfinale kam das Aus mit einem 0:1 gegen Deutschland.

SÜDKOREA: Das Land

HAUPTSTADT	Seoul
EINWOHNERZAHL	50 Millionen
FLÄCHE IM VERGLEICH	ungefähr zweieinhalbmal so groß wie Deutschland
STAATS- UND REGIERUNGSFORM	Präsidialrepublik
AMTSSPRACHE	Koreanisch
ORTSZEIT IN SEOUL BEIM ANPFIFF DES ENDSPIELS	04:00 Uhr des nächsten Tages
SPEKTAKULÄR	Die Joseou-Dynastie regierte Korea über 500 Jahre bis zur japanischen Annexion im Jahr 1910. Der 1395 fertiggestellte Gyeongbokgung-Palast in Seoul diente lange Zeit als ihr Königspalast. Während der japanischen Herrschaft (1910 bis 1945) teilweise abgerissen, begann man 1990 mit seinem Wiederaufbau.
WAR SCHAUPLATZ BEI JAMES BOND IN	*Stirb an einem anderen Tag* (2002, mit Pierce Brosnan) – eine Szene spielt in der entmilitarisierten Zone zwischen Nord- und Südkorea.
MCDONALD'S BETREIBT HIER	292 Lokale.

SÜDKOREA: Der Fußball

NAME DER OBERSTEN LIGA	K League Classic
ANZAHL DER VEREINE IN DER OBERSTEN LIGA	14
REKORDMEISTER	Seongnam Ilhwa Chunma
SPITZNAME DER NATIONALELF	Taegeuk Warriors
WM-TEILNAHMEN	9 seit 1954
BESTES WM-ERGEBNIS	vierter Platz 2002
REKORDNATIONALSPIELER	Hong Myung-Bo (136 Spiele zwischen 1990 und 2002)

SÜDKOREA: Die Küche

Auch wenn Reis und Nudeln die (typisch asiatische) Grundlage der koreanischen Küche bilden, so unterscheidet sie sich doch wesentlich von der chinesischen und japanischen – sie verwendet oft sehr scharfe Gewürze; Chili ist praktisch ein Grundnahrungsmittel. Wie in anderen Ländern der Region werden alle Speisen einer Mahlzeit gleichzeitig serviert. Im Durchschnitt sind das drei bis vier verschiedene Gerichte und Reis, zu besonderen Anlässen auch schon mal bis zu zwölf Köstlichkeiten.

Zu praktisch jeder Mahlzeit gibt es *kimchi*, eine Gemüsezubereitung, für die hauptsächlich Chinakohl verwendet wird und bei der das Gemüse durch Milchsäuregärung – ähnlich wie bei der Zubereitung des europäischen Sauerkrauts – fermentiert wird. Allerdings werden noch andere Zutaten beigefügt, Ingwer beispielsweise oder Knoblauch und Chili. Traditionell reifte der *kimchi* in speziellen Tontöpfen mit Abzugslöchern und Deckel.

Südkorea

Bulgogi

MARINIERTES RUMPSTEAK UND BLATTGEMÜSE

1 STUNDE

4 RUMPSTEAKS à 100 g

2 EL NEUTRALES ÖL (z.B. SONNENBLUMEN- ODER RAPSÖL)

Für die Fleischmarinade

1 STÜCK FRISCHE INGWERWURZEL (ca. 50 g)

100 ml SOJASOSSE*

½ TL SCHWARZER PFEFFER

100 ml SAKE (REISWEIN) ODER MIRIN (REISESSIG)*

6 EL ÖL

1 BUND LAUCHZWIEBELN

1 BUND FRISCHER KORIANDER

Für das Blattgemüse

1 CHINAKOHL

3 EL SOJASOSSE*

2 EL SESAMÖL*

2 EL SESAMSAAT*

1 KNOBLAUCHZEHE

1 ROTE CHILISCHOTE

1 EL ZUCKER

1 EL WEISSWEINESSIG

1 TL SCHWARZER PFEFFER

1 Ingwer schälen und reiben. Mit Sojasoße, Pfeffer, Sake (oder Mirin) und Öl verrühren. Fleisch waschen und trockentupfen. In einen tiefen Teller legen, dabei jede Scheibe beidseitig mithilfe eines Löffels mit der Marinade bestreichen. Übrige Marinade über das Fleisch gießen. Mindestens 15 Minuten ruhen lassen.

2 Für das Gemüse den Chinakohl in seine einzelnen Blätter zerlegen, waschen und – wenn nötig – putzen. Knoblauchzehe schälen, fein hacken. Chilischote waschen, abtrocknen, längs halbieren. Die Kerne entfernen, dann in feine Scheiben schneiden. 1 EL Sesamsaat in einer kleinen Pfanne ohne Zugabe von Fett auf mittlerer Flamme hellbraun rösten und beiseite stellen. (Vorsicht! Zunächst sieht es so aus, als würde die Saat nie Farbe annehmen. Geduld bewahren und auf keinen Fall die Hitze vergrößern; der Sesam verbrennt sehr leicht.)

3 In einem Topf 1 Liter Wasser zum Kochen bringen. Kohl zugeben, 1 Minute dünsten, ohne die Hitze zu reduzieren. Vom Herd nehmen, in einem Sieb abgießen. Abkühlen lassen und mit den Händen gut ausdrücken. Dann grob hacken und in eine Schüssel geben.

4 Aus Sojasoße, Sesamöl, der restlichen Sesamsaat, Knoblauch, Chili, Zucker, Essig und Pfeffer ein Dressing rühren. Mit dem Gemüse gut vermengen. Auf vier großen Tellern anrichten.

* Diese Zutaten erhalten Sie in asiatischen Lebensmittelläden, mittlerweile aber auch in gut sortierten Supermärkten. Siehe auch Bezugsquellen Seite 94.

5 Lauchzwiebeln schälen, das Lauch bis auf ca. 10 cm herunterschneiden, in ½ cm dicke Scheiben schneiden. Koriander waschen, trockentupfen, die Blätter abpflücken.

6 Fleisch aus der Marinade nehmen, Marinade dabei gut abtropfen lassen, auffangen und beiseite stellen.

7 2 EL Öl in einer Pfanne erhitzen. Die Steaks auf großer Hitze von jeder Seite scharf anbraten, dann die Hitze etwas reduzieren, die Lauchzwiebeln und 3–4 EL von der Marinade dazugeben und alles zusammen noch 2 Minuten braten.

8 Je ein Steak auf die Teller geben, auf denen bereits das Gemüse angerichtet ist. Fleisch mit je 2 TL Marinade beträufeln und das Gemüse mit dem gerösteten Sesam bestreuen.

Uruguay

URUGUAY: Das Land

HAUPTSTADT	Montevideo
EINWOHNERZAHL	3,4 Millionen
FLÄCHE IM VERGLEICH	halb so groß wie Deutschland
ORTSZEIT IN MONTEVIDEO BEIM ANPFIFF DES ENDSPIELS	16:00 Uhr
SCHAUPLATZ BEI JAMES BOND	war Uruguay noch nie.
MCDONALD'S BETREIBT HIER	24 Restaurants.

URUGUAY: Das denkwürdige Spiel

Hinterher sagten die Spieler Uruguays, sie hätten regelrecht gezittert, als sie im Kabinengang das Summen und Murmeln vernahmen, das unweigerlich zustande kommt, wenn sich 175.000 Menschen an einem Ort versammeln. Der Ort war das Estadio do Maracana in Rio de Janeiro, die 175.000 die größte Zuschauermenge, die jemals zu einem WM-Spiel kam, der Anlass das letzte Spiel der Fußballweltmeisterschaft 1950, der einzigen WM ohne ein echtes Finale. Die vier besten Teams der Vorrunde maßen sich in der Finalgruppe im Jeder-gegen-Jeden-Modus. Brasilien reichte schon ein Unentschieden zum Titel. Der haushohe Favorit ging kurz nach der Pause in Führung, doch die Uruguayer, die ihre zunächst übergroße Nervosität immer mehr ablegten, kamen zwanzig Minuten später zum Ausgleich. Dass 175.000 Menschen auch kollektiv mucksmäuschenstill sein können, stellte sich in der 79. Minute heraus, als Alcides Ghiggia das 2:1-Siegtor für den Außenseiter erzielte und Uruguay zum bis dahin überraschendsten Weltmeister machte.

URUGUAY: Der Fußball

SPITZNAME DER NATIONALELF	La Celeste (die Himmelblaue)
WM-TEILNAHMEN	12 seit 1930
BESTES WM-ERGEBNIS	Weltmeister 1930 und 1950
REKORDNATIONALSPIELER	Diego Forlán (107 Spiele seit 2002)

Das Estadio Centenario in Montevideo war Austragungsort der ersten Fußball-WM 1930

Milanesa al pan

SCHNITZEL-TOAST

30 MIN

- 4 KALBS- ODER SCHWEINE-SCHNITZELSCHEIBEN à 100 g (NICHT DICKER ALS ½ cm)
- 2 EIER
- 1 KNOBLAUCHZEHE
- 1 TL SALZ
- 1 TASSE SEMMELBRÖSEL
- 4 EL ÖL
- 4 EL BUTTER
- 4 EL MAYONNAISE
- 2 TOMATEN
- 4 SALATBLÄTTER
- 8 SCHEIBEN SANDWICHBROT ODER TOAST

1 Tomaten in Scheiben schneiden. Salatblätter waschen und trockentupfen.

2 Knoblauch schälen und so fein wie möglich hacken. Die beiden Eier aufschlagen und in einen tiefen Teller geben. Knoblauch und Salz hinzufügen und mit einer Gabel verrühren, bis Eiweiß und Eigelb gut vermischt sind. Abschmecken und gegebenenfalls nachsalzen. Die Semmelbrösel auf einen flachen Teller schütten und so verteilen, dass sie gleichmäßig den Boden bedecken.

3 Fleisch abspülen, trockentupfen und zwischen zwei Lagen Klarsichtfolie mit einem geeigneten Gerät etwas klopfen (bestenfalls Fleischklopfer, aber der Boden einer leeren Bierflasche tut es zur Not auch. Das Klopfen macht das Fleisch mürbe und sorgt dafür, dass es gut durchbrät).

4 Das Fleisch nacheinander von beiden Seiten zuerst durch die verschlagenen Eier, danach durch die Semmelbrösel ziehen und auf einen Teller legen. Die Oberfläche muss komplett von Bröseln bedeckt sein.

5 Öl und Butter in einer großen Pfanne erhitzen, auf mittlere Hitze reduzieren und die panierten Scheiben auf jeder Seite ca. 4 bis 5 Minuten braten.

6 Parallel dazu das Brot toasten. 4 Scheiben mit jeweils 1 EL Mayonnaise bestreichen, das heiße Fleisch darauf legen, mit je ¼ der Tomatenscheiben und 1 Salatblatt belegen, mit den restlichen 4 Brotscheiben bedecken, die Sandwiches halbieren und sofort servieren.

USA

USA: Das denkwürdige Spiel

Dreimal hatte das Mutterland des Fußballs bei Weltmeisterschaften durch selbst gewählte Abwesenheit geglänzt; zu banal waren den Engländern die Turniere in Uruguay, Italien und Frankreich gewesen. Man wähnte sich an der Spitze des Weltfußballs, ohne es bei einer WM beweisen zu müssen. 1950 bei der Weltmeisterschaft in Brasilien wurde jedoch anders entschieden: England nahm erstmals teil. Im Auftaktspiel ging noch alles relativ glatt: 2:0 gegen Chile. Aber dann gab es am 29. Juni 1950 in Belo Horizonte die bis dahin zweifellos größte Sensation der WM-Endrunden. Die USA, fußballerisch damals sicher nicht gänzlich auf der Höhe der Zeit und danach bis 1990 bei keinem WM-Turnier vertreten, schickten die mit reichlich Stars wie Tom Finney, Billy Wright und Alf Ramsey (Dribbelkönig Stanley Matthews blieb auf der Bank; Einwechslungen gab es noch nicht) bestückte englische Mannschaft mit ihrem 1:0-Sieg in die Depression. Das Tor erzielte in der 38. Minute Joseph Gaetjens. Die Engländer verloren danach auch noch gegen Spanien mit 0:1 und verabschiedeten sich – wie allerdings auch die US-Amerikaner – schon nach der Vorrunde aus dem Turnier.

USA: Das Land

HAUPTSTADT	Washington D. C.
EINWOHNERZAHL	314 Millionen
FLÄCHE IM VERGLEICH	ungefähr 25-mal so groß wie Deutschland
STAATSFORM	Förderale Präsidialrepublik
AMTSSPRACHEN	Englisch, Spanisch
ORTSZEIT IN WASHINGTON BEIM ANPFIFF DES ENDSPIELS	15:00 Uhr
SPEKTAKULÄR	Mitten in der einsamen Prärie des Bundesstaates South Dakota entstand zwischen 1927 und 1941 eines der wichtigsten Denkmäler der USA: das Mount Rushmore National Memorial. Unter der Leitung des Bildhauers Gutzon Borglum wurden die monumentalen Porträts von George Washington, Thomas Jefferson, Theodore Roosevelt und Abraham Lincoln in den Granitfels des Berges gesprengt und gemeißelt.
WAR SCHAUPLATZ BEI JAMES BOND IN	*Goldfinger* (1964), *Diamantenfieber* (1971, beide mit Sean Connery), *Leben und sterben lassen* (1973), *Moonraker* (1979), *Im Angesicht des Todes* (1985, alle mit Roger Moore), *Lizenz zum Töten* (1989, mit Timothy Dalton) und *Casino Royale* (2006, mit Daniel Craig).
MCDONALD'S BETREIBT HIER	14.157 Restaurants (und in Oak Brook im Bundesstaat Illinois die Konzernzentrale).

USA: Der Fußball

NAME DER OBERSTEN LIGA	Major League Soccer
ANZAHL DER VEREINE IN DER OBERSTEN LIGA	19 (16 USA-Teams plus 3 aus Kanada)
REKORDMEISTER	D.C. United Washington, Los Angeles Galaxy (je 4 Titel)
SPITZNAME DER NATIONALELF	The Yanks
WM-TEILNAHMEN	10 seit 1930
BESTES WM-ERGEBNIS	dritter Platz 1930
REKORDNATIONALSPIELER	Cobi Jones (164 Spiele zwischen 1992 und 2004)

USA: Die Küche

US-amerikanische Küche – das sind natürlich auch, aber längst nicht nur *hamburgers* und *hot dogs* in Schnellrestaurants. Einwanderer aus allen Teilen der Welt bereicherten und bereichern mit ihren kulinarischen Einflüssen den Speiseplan der Amerikaner; man findet mediterrane, asiatische, europäische, afrikanische und orientalische Elemente. Selbst Supermärkte bieten eine riesige Auswahl spezieller Zutaten. Im Lauf der Jahre entstanden auch ganz eigene Kochstile, wie z.B. das *soul food* der Afroamerikaner mit *spare ribs* oder *chicken wings*, die Cajun- und kreolische Küche der französischstämmigen Südstaaten-Einwanderer oder das *texmex food*, das *tortillas, burritos* und *fajitas* aus Mexiko adaptiert. Und typisch amerikanische Backwaren wie *donuts, muffins, bagels* oder der *New York cheese cake* fanden mittlerweile ihren Weg zurück in die Alte Welt.

USA

New England Clam Chowder

MUSCHELSUPPE AUS NEUENGLAND

30 MINUTEN

500 ml GEMÜSEBRÜHE

UNGEFÄHR 500 g JAKOBSMUSCHELN

50 g SCHINKENSPECK

1 ZWIEBEL

1 EL NEUTRALES SPEISEÖL
(z.B. RAPS- ODER SONNENBLUMENÖL)

2 ZWEIGE FRISCHER THYMIAN
(ODER 1 TL GETROCKNETER)

1 LORBEERBLATT

5 KARTOFFELN

250 ml MILCH

200 ml SAHNE

1 TL SALZ

½ TL SCHWARZER PFEFFER

MUSKATNUSS

CRACKER

1 Zwiebel schälen, halbieren und in Scheiben schneiden. Schinkenspeck würfeln. Kartoffeln schälen und in Würfel von 1–2 cm Kantenlänge schneiden. Thymian waschen.

2 Die Muscheln waschen. Die Brühe zum Kochen bringen, die Muscheln hinzufügen, auf mittlere Hitze reduzieren und 2–3 Minuten dünsten. Vom Herd nehmen, die Brühe abgießen, aber aufbewahren. Die Muscheln vierteln und beiseite stellen.

3 Das Öl in einem Topf auf mittlerer Flamme erhitzen. Zwiebeln und Schinkenspeck zugeben und beides glasig dünsten. Brühe, Thymian, Lorbeer und die Kartoffeln dazugeben. Kochen, bis die Kartoffeln weich sind. Kurz vor Ende der Garzeit Milch und Sahne in einem weiteren Topf erwärmen.

4 Die Hälfte der Kartoffeln mit etwas Brühe in einer Schüssel mit einem Pürierstab pürieren (falls keiner zur Hand ist, mit einer Gabel oder einem Stampfer zu Kartoffelbrei zerdrücken). Wieder in die Suppe geben, die Milchmischung dazugießen, mit Salz, Pfeffer und Muskatnuss würzen und aufkochen. Die Clam Chowder muss schön sämig sein; falls nötig, noch ein paar Kartoffeln mehr pürieren.

5 Die Muscheln hineingeben und erwärmen. In Tassen oder Teller füllen und mit den Crackern servieren, die beim Essen in die Suppe gebröckelt werden.

Bezugsquellen

Fast alle verwendeten Lebensmittel finden Sie in gut sortierten Supermärkten (z. B. bei Edeka, Rewe, Kaiser's Tengelmann oder Real) bzw. über die in den Fußnoten angegebenen Bezugsquellen.
Hier noch einige Tipps:

Spanische und portugiesische Lebensmittel: www.spanische-bodega.de
Asiatische Lebensmittel: www.my-asia-shop.de
Süd- und lateinamerikanische und afrikanische Gewürze und Würzsoßen: www.pfefferhaus.de
Arganöl: www.argandor.de

Die Informationen in KICK & COOK wurden mit größtmöglicher Sorgfalt recherchiert und geprüft und konnten zum Zeitpunkt der Drucklegung als zutreffend angenommen werden. Für die Richtigkeit aller Angaben kann dennoch keine Gewähr übernommen werden.

Besonderer Dank der Autorin an Andreas, Kata und Sylvio.

Impressum

Bibliografische Information der Deutschen Nationalbibliothek:
Die Deutsche Nationalbibliothek verzeichnet diese Publikation in der Deutschen Nationalbibliografie; detaillierte bibliografische Daten sind im Internet über http://dnb.d-nb.de abrufbar.

2. Auflage 2014

Lotzestraße 22a, D-37083 Göttingen
www.werkstatt-verlag.de

Satz und Gestaltung: Verlag Die Werkstatt
Druck und Bindung: Grafisches Centrum Cuno, Calbe

ISBN 978-3-7307-0064-8

Abbildungsnachweis

Die Aufnahmen aller vorgestellten Gerichte stammen von Andreas Keudel.

Alle sonstigen Abbildungen:
S. 6: magharebia, Wikimedia Commons, lizenziert unter CreativeCommons-Lizenz CC-BY-SA-2.0
S. 8: Tabetabe, Wikimedia Commons, lizenziert unter CreativeCommons-Lizenz CC-BY-SA-3.0
S. 9: Petra Eckerl, fotolia
S. 12: Quartl, Wikimedia Commons, lizenziert unter CreativeCommons-Lizenz CC-BY-SA-3.0
S. 14: David Wilmot, Wikimedia Commons, lizenziert unter CreativeCommons-Lizenz CC-BY-SA-2.0
S. 16: Alessandro Giangiulio, Wikimedia Commons, lizenziert unter CreativeCommons-Lizenz CC-BY-SA-2.0
S. 18: Artyominc, Wikimedia Commons, lizenziert unter CreativeCommons-Lizenz CC-BY-SA-3.0
S. 19: Schermann, Wikimedia Commons, lizenziert unter CreativeCommons-Lizenz CC-BY-SA-3.0
S. 22: Agne27, Wikimedia Commons, lizenziert unter CreativeCommons-Lizenz CC-BY-SA-3.0
S. 24: Alphamouse, Wikimedia Commons, lizenziert unter CreativeCommons-Lizenz CC-BY-SA-3.0
S. 26: Mogens Engelund, Wikimedia Commons, lizenziert unter CreativeCommons-Lizenz CC-BY-SA-3.0
S. 27: Rolf Handke, pixelio
S. 30: David Torres Costales, Wikimedia Commons, lizenziert unter CreativeCommons-Lizenz CC-BY-SA-3.0
S. 32: Ivoire8, Wikimedia Commons, lizenziert unter CreativeCommons-Lizenz CC-BY-SA-3.0
S. 35: Miroslava Markova
S. 38: Phil_Good, fotolia
S. 40: NASA
S. 41: Renate W., fotolia
S. 44: Danbu14, Wikimedia Commons, lizenziert unter CreativeCommons-Lizenz CC-BY-SA-3.0
S. 46: Adalberto Hernandez Vega, Wikimedia Commons, lizenziert unter CreativeCommons-Lizenz CC-BY-SA-2.0
S. 48: klange76, fotolia
S. 49: Asadi, Wikimedia Commons, lizenziert unter CreativeCommons-Lizenz CC-BY-SA-3.0
S. 52: Marcok di it. Wikimedia Commons, lizenziert unter CreativeCommons-Lizenz CC-BY-SA-2.5
S. 53: Pinotshop, lizenziert unter CreativeCommons-Lizenz CC-BY-SA-2.0
S. 56: Miya.m, Wikimedia Commons, lizenziert unter CreativeCommons-Lizenz CC-BY-SA-3.0
S. 58: Kevin Pluck, Wikimedia Commons, lizenziert unter CreativeCommons-Lizenz CC-BY-SA-2.0
S. 60: Olaf Oliviero Riemer, Wikimedia Commons, lizenziert unter CreativeCommons-Lizenz CC-BY-SA-3.0
S. 61: Aliman5040, Wikimedia Commons, lizenziert unter CreativeCommons-Lizenz CC-BY-SA-3.0
S. 64: Karel Hrdina, Wikimedia Commons, lizenziert unter CreativeCommons-Lizenz CC-BY-SA-3.0
S. 66: Thomas Heins, Wikimedia Commons, lizenziert unter CreativeCommons-Lizenz CC-BY-SA-3.0
S. 68: Voytikof, Wikimedia Commons, lizenziert unter CreativeCommons-Lizenz CC-BY-SA-2.5
S. 69: Clipdealer.de
S. 72: Mark Hillary, Wikimedia Commons, lizenziert unter CreativeCommons-Lizenz CC-BY-SA-2.0
S. 74: Aires Almeida, Wikimedia Commons, lizenziert unter CreativeCommons-Lizenz CC-BY-SA-3.0
S. 76: Sylvio Montag
S. 77: Katrin Roßnick
S. 80: HappyAlex, fotolia
S. 82: Wolfgang Dirscherl, pixelio.de
S. 84: ddol-man, Wikimedia Commons, lizenziert unter CreativeCommons-Lizenz CC-BY-SA-2.0
S. 85: bzo, Wikimedia Commons, lizenziert unter CreativeCommons-Lizenz CC-BY-SA-2.0
S. 88: squeakymarmot, Wikimedia Commons, lizenziert unter CreativeCommons-Lizenz CC-BY-SA-2.0
S. 90: Sylvio Montag
S. 91: Maik Bolbeth, pixelio.de

Die Angaben zu den Rekordnationalspielern richten sich nach:
www.transfermarkt.de (letzter Abruf 21.11.2013).